Découvrez l'histoire par les archives de presse

RETRONEWS

Le site de presse de la BnF

www.retronews.fr

PARIS ARCHITECTE

IMP. POUPART-DAVYL

A Paris

PARIS.
ARCHITECTE

REVUE MENSUELLE ILLUSTRÉE

dirigée par

E.-F. LE PREUX

ARCHITECTE

FONDÉE EN 1865

A PARIS

E.-F. Le Preux

PARIS ARCHITECTE

Paris. — Imprimerie L. Poupart-Davyl, 30, rue du Bac

A SA MAJESTÉ
LE ROI D'ITALIE

SIRE,

Comme il n'est pas de belle architecture qui ne dérive de celle de l'ITALIE, c'est au Protecteur des Arts, Souverain de cette terre splendide, que doit s'adresser la dédicace de mon faible travail.

J'ose donc placer en tête de ce livre le nom de VOTRE MAJESTÉ en LA priant de daigner en accepter l'hommage.

Je suis, avec le plus profond respect,

SIRE,

DE VOTRE MAJESTÉ,

Le très-humble et très-obéissant serviteur,

E.-F. LE PREUX.

PARIS
ARCHITECTE

REVUE MENSUELLE ILLUSTRÉE

E.-F. Le Preux

DIRECTEUR

Le prix de l'Abonnement annuel est, pour Paris, de 8 fr., & pour les départements, de 10 fr., frais de poste en sus pour l'étranger.

BUREAUX : RUE DE BELLECHASSE, 55, A PARIS

ÉCRIRE FRANCO

JANVIER 1865

SOMMAIRE

PROGRAMME

Res, non Verba.

Notre titre indique suffisamment ce que veut être notre Revue : *Paris Architecte* sera le recueil des conceptions architecturales les plus remarquables de Paris moderne; le soin extrême que nous mettrons à ne reproduire que de belles & bonnes choses, l'exactitude scrupuleuse de nos dessins sauront, nous l'espérons, nous mériter les sympathies de tous les amis des beaux-arts.

1ʳᵉ ANNÉE.   Nᵒ 1.

Un texte explicatif accompagnera nos gravures; dans un compte rendu impartial, il examinera, chaque mois, les nouvelles diverses qui, soit expositions, concours, &c., peuvent intéresser l'Architecture & la Conftruction.

UNE LETTRE

Nous publions sans commentaires la lettre suivante, adressée par nous à nos confrères de la presse parisienne qui ont bien voulu la reproduire dans leurs eftimables recueils[*]:

Juillet 1864.

« Monsieur le Direfteur,

« Depuis plus d'un an, je suis Direfteur & Rédafteur en chef du *Moniteur des Architeftes*.

« Or les dernières gravures que M. Caudrilier, éditeur de cette publication, me fit soumettre, étaient inacceptables ; dans l'intérêt du journal, dans celui de mon amour-propre de Direfteur, je les refusai.

« M. Caudrilier crut pouvoir se passer de mon acceptation, de mon bon à tirer, & les publia quand même ; & comme je proteste contre cette violation de mes droits, il me cherche noise & m'accable des reproches les plus nouveaux & les plus amusants.

« Voici ces reproches qu'il m'adresse, & cela *par écrit.*

« Le texte des numéros publiés sous ma direftion contient, suivant lui, beaucoup moins de mots que celui de la précédente direftion.

« Ma réponse à ceci est simple :

« La colonne de chacun de ces textes contient 52 lignes ; une ligne de mon texte contient 63 lettres & la ligne de l'ancien texte n'en compte que 56.

[*] *Nous saisissons avec empressement cette occasion de remercier plus particulièrement MM. Charles Desolme, rédafteur en chef de l'*Europe Artiste *& de l'*Orchestre, *& le marquis de Laqueille, direfteur des Beaux-Arts.*

« Ce n'est pas tout :

« Un article sur l'*Hygiène des prisons modernes* aurait, suivant M. Caudrilier, été pris dans *Vitruve*.

« Voilà, certes, qui va singulièrement éclaircir l'ouvrage souvent obscur de l'architecte de Jules César & d'Auguste, & nous faire admettre que, comme Cyrano de Bergerac pressentait les ballons, Vitruve a pressenti Mazas.

« Et sur ce, heureux & fier de cette découverte, M. Caudrilier, qui met aussi peu d'orthographe dans ses lettres que dans sa conduite à mon égard, se dit, se sent digne de sa mission & continue *seul* son journal.

« J'ose espérer, Monsieur le Directeur, que vous accueillerez favorablement cette lettre d'un confrère qui, citant ces faits qu'il peut prouver, désire sauvegarder sa réputation artistique, & vous prie d'agréer ses remercîments & l'assurance de toutes ses sympathies.

« E.-F. Le Preux. »

EXPLICATION DE NOS GRAVURES

—

PLANCHE I.

Tombeau de Louis Hersent

PAR M. DESTAILLEUR, ARCHITECTE DU GOUVERNEMENT

Ce tombeau a été élevé par les soins de Mme L. Hersent. née Mauduit, à la mémoire de son mari, L. Hersent, membre de l'Inftitut, professeur à l'école des Beaux-Arts, officier de la Légion d'honneur, mort à Paris le 2 octobre 1860.

Madame Hersent, artifte elle-même, indiqua sa pensée à l'égard de ce monument : un médaillon en marbre devait rappeler les traits du peintre regretté, & des bas-reliefs reproduire deux de ses tableaux les plus célèbres : *Las Cases soigné par les sauvages* & *Ruth & Booz*, dont tous les artiftes se rappellent les succès aux Salons de 1814 & 1822.

Ses désirs ont été scrupuleusement respectés par l'architecte, qui eut la trifte satisfaction de lui voir approuver un projet dont l'exécution n'eut lieu qu'après sa mort. Elle fut enlevée inopinément le 7 janvier 1862, & laissa à sa famille le soin d'accomplir la mission qu'elle s'était imposée, & à laquelle s'était associée l'Adminiftration des Beaux-Arts en donnant les marbres nécessaires aux bas-reliefs.

Ce monument a été élevé au cimetière du Père-Lachaise; le soubassement est conftruit en pierre de Lorraine & la partie supérieure en banc royal de Conflans.

La sculpture d'ornement a été exécutée par M. Doussamy. Les bas-reliefs & le médaillon sont l'œuvre de M. Lanno, ancien pensionnaire de l'Académie de France à Rome. Les travaux, à l'exception des bas-reliefs & du médaillon, se sont montés à la somme de 4,371 francs; ils ont été dirigés par M. Destailleur, Architecte du Gouvernement.

Pour avoir l'échelle de ce monument, il suffira de remarquer que le socle au-dessus de la marche est large de un mètre.

PLANCHE II
Tribunal de Commerce
PAR A.-N. BAILLY ✵, ARCHITECTE EN CHEF DES TRAVAUX DE LA VILLE DE PARIS
(3ᵉ DIVISION)

Nous donnerons la notice de ce monument avec les détails qui le feront connaître; le plan que nous publions aujourd'hui est celui du rez-de-chaussée; en voici la légende :

a, a. — Vestibules.	*g.* — Témoins.
b. — Concierge.	*h.* — Salle de conciliation des Prud'hommes.
c. — Salle d'attente.	
d. — Salle d'audience des Prud'hommes.	*i.* — Services dés Prud'hommes.
e. — Salles de Conseil.	*k.* — Escalier du Greffe.
f. — Président.	*l.* — Boutiques.

Le Directeur-Propriétaire : E.-F. LE PREUX.

Imprimerie de Poupart-Davyl & Cᵉ, rue du Bac, 30.

PARIS
ARCHITECTE
REVUE MENSUELLE ILLUSTRÉE

E.-F. LE PREUX
DIRECTEUR

Le prix de l'abonnement annuel est, pour Paris, de 8 fr., & pour les départements, de 10 fr., frais de poste en sus pour l'étranger.

BUREAUX : RUE DE BELLECHASSE, 55, A PARIS
ÉCRIRE FRANCO

FÉVRIER 1865

SOMMAIRE

Texte : Concours *(Monument de Moncey)*. — Explication de nos gravures.

Gravures : Pl. III. Église Saint-Augustin *(V. Baltard, O ✳, architecte)* — Pl. IV. Théâtre impérial du Châtelet *(Davioud, ✳, architecte)*.

AVIS

Les bureaux de la Revue *Paris Architecte* seront prochainement transférés rue Blondel, 7, près des boulevards Saint-Denis et de Sébastopol.

Ire ANNÉE.   N° 2.

CONCOURS

MONUMENT DE MONCEY

*Sans y figurer comme statue isolée, le maréchal Moncey tiendrait
le principal rôle dans ce monument commémoratif de la défense de
Paris, à la barrière de Clichy, en 1814.*

*Le monument aurait 5 mètres de diamètre à la base dans sa
plus grande dimension, & pourrait être entouré de marches & d'une
grille occupant une circonférence de 11 mètres de diamètre.*

Tel eft le programme du concours ouvert par la Ville de
Paris entre plusieurs ftatuaires et architeêtes, et pour lequel,
sur la présentation de la Commission des Beaux-Arts, M. le
baron Haussmann, sénateur, préfet de la Seine, a désigné
vingt-neuf concurrents.

Le jugement des projets relatifs à ce concours a eu lieu le
20 décembre 1864. La commission municipale a choisi le
projet classé le premier, celui de MM. Doublemard, ftatuaire,
& Guillaume, architeête, tous deux grands prix de Rome.
Voici les noms des auteurs des cinq autres projets classés :
MM. Uchard et Cavelier; Vital Dubray ; Davioud & Elias
Robert; Gumery ; Train et Chapu.

Nous donnons ici une esquisse faite d'après le projet de
MM. Doublemard et Guillaume. Cette conception, à laquelle
l'étude apportera certainement quelques modifications, se
compose d'un soubassement élevé sur plusieurs marches, &
présentant sur quatre piédeftaux les ftatues d'un invalide,
d'un garde national, d'un polytechnicien & d'un homme
du peuple; sur ce soubassement un socle circulaire comprend
l'inscription dédicatoire & deux bas-reliefs représentant, l'un
la défense de la barrière de Clichy, l'autre celle des buttes
Saint-Chaumont; au-dessus enfin, le maréchal Moncey dé-
fend et protége la Ville de Paris.

Du sol au sommet du groupe, le monument a 8 mètres de haut.

Le projet classé le second a reçu une indemnité de 2,000 francs, les quatre autres une de 1,000.

———

Signalons l'heureux travail que vient d'entreprendre M. Destailleur, architecte du gouvernement, en remettant au jour l'œuvre rare d'un maître illustre : *Les plus excellents bastiments de France de J. A. du Cerceau.* Les planches sont gravées en fac-simile par M. Faure du Jarric.

L'entreprise est belle et bonne, nous nous portons garant du succès.

EXPLICATION DE NOS GRAVURES
—

PLANCHE III
Église Saint-Augustin

PAR M. V. BALTARD, O. ✿, ARCHITECTE, MEMBRE DE L'INSTITUT, DIRECTEUR
DES TRAVAUX D'ARCHITECTURE DE LA VILLE DE PARIS

Ce plan eſt celui du rez-de-chaussée du remarquable édifice que le maître fait élever au boulevard Malesherbes ; nous en donnerons les détails aussitôt que le permettra l'avancement des travaux ; en même temps nous en publierons la notice explicative.

PLANCHE IV
Théâtre impérial du Châtelet

PAR M. DAVIOUD ✿, ARCHITECTE EN CHEF DU SERVICE DES PROMENADES
ET PLANTATIONS DE LA VILLE DE PARIS ET DES THÉATRES
DE LA PLACE DU CHATELET

Une simplification, apportée dans la décoration de la façade des théâtres Lyrique & du Châtelet, a fait supprimer des panneaux dont le motif-milieu offrait dans un médaillon les figures allégoriques des différents genres dramatiques.

Les médaillons, exécutés en faïence coloriée, ont été déposés au musée de la Société de l'Union centrale des Beaux-Arts appliqués à l'Induſtrie, place Royale, 15.

Nous avons cru intéressant de reproduire le motif qui décorait le théâtre du Châtelet ; celui qui exiſtait au théâtre Lyrique impérial va, dessiné par M. Davioud, paraître dans *l'Autographe*, ce recueil si habilement dirigé par M. de Villemessant.

Le Directeur-Propriétaire : E.-F. LE PREUX.

Imprimerie de Poupart-Davyl & Cᵉ, rue du Bac, 30.

PARIS
ARCHITECTE

REVUE MENSUELLE ILLUSTRÉE

E.-F. LE PREUX
DIRECTEUR

Le prix de l'Abonnement annuel est, pour Paris, de 8 fr., & pour les départements, de 10 fr., frais de poste en sus pour l'étranger.

BUREAUX : RUE BLONDEL, 7, A PARIS
ÉCRIRE FRANCO

MARS 1865

SOMMAIRE

TEXTE : Concours *(Monument de don Pédro)*. — Panneau décoratif du Théâtre-Lyrique Impérial : autographe de M. Davioud. — Explication de nos gravures.

GRAVURES : Pl. V. Tombeau de N.-H. Boisseaux *(Guillaume, architecte)*. — Pl. VI. Arc de Triomphe *(V. Baltard, O ✳, architecte)*.

EN PRÉPARATION

Plans, façades & détails du Tribunal de commerce, par M. Bailly. — Façade & détails de l'église Saint-Augustin, par M. Baltard. — Grille du Tombeau de l'Empereur & composition inédite de feu Jules Bouchet. — Fontaines des squares des Arts-&-Métiers & des Innocents, par M. Davioud. — Un meuble par M. Destailleur, etc., & plusieurs monuments publics, maisons & hôtels particuliers, par les premiers architectes de Paris.

Ire ANNÉE.   N° 3.

Les monuments qui décorent, ou embellissent la voie publique sont de résumés de travaux et d'études que le public ne peut connaître. Cette sculpture en donne une esquisse trouvée dans le panier de l'architecte; il m'a semblé qu'à ce titre elle serait plus curieuse que la reproduction d'une partie construite.

Rodin

Un arrangement pris par nous avec la direction de *l'Autographe au Salon de 1865 & dans les Ateliers* nous permet de reproduire, à l'avance, un autographe tiré de ce recueil & qui vient compléter la description que nous avons faite, dans un précédent numéro, des motifs de décoration supprimés aux théâtres de la place du Châtelet.

Notre prochaine livraison contiendra, puisée à la même source, une frise qu'exécute M. Georges Clère au nouveau pavillon de Flore, au palais Tuileries.

M. Davioud nous prie d'annoncer qu'il est resté totalement étranger au concours du monument de Moncey, & que, seule, sa coopération avec M. Elias Robert à un autre concours a causé l'erreur dans laquelle sont tombées plusieurs revues artistiques.

———

Voici le résultat du jugement du concours international ouvert à Lisbonne par le Gouvernement portugais et relatif au monument à élever à don Pédro.

Ont pris part à ce concours : le Portugal, la France, l'Angleterre, l'Italie & l'Espagne : — 1er prix. MM. Davioud & Elias Robert *(Français).* — 2e prix. M. Fonceca *(Portugais).* — 3e prix. M. Gilbert *(Français).* — 4e prix. MM. Pagani & Barzaghi *(Italiens).* — 5e prix. M. Bessi *(Italien).*

———

EXPLICATION DE NOS GRAVURES

—

PLANCHE V

Tombeau de N.-H. Boisseaux

PAR M. GUILLAUME, ARCHITECTE, ANCIEN PENSIONNAIRE DE L'ACADÉMIE DE FRANCE
A ROME

Ce monument, élevé au cimetière Montparnasse à la mémoire de M. Henri Boisseaux, homme de lettres, est en pierre de la Guiche ; le médaillon en marbre a été exécuté par M. Aizelin. La dépense, qui s'est élevée, non compris le médaillon, à la somme de 600 fr., a été couverte par les fonds d'une souscription faite par les amis de M. Boisseaux.

———

PLANCHE VI

Arc de Triomphe

PAR M. V. BALTARD, O ✳, ARCHITECTE, MEMBRE DE L'INSTITUT, DIRECTEUR
DES TRAVAUX D'ARCHITECTURE DE LA VILLE DE PARIS

Cet arc, destiné à la place du Trône, est celui qui y a été provisoirement exécuté à l'occasion de la rentrée de nos troupes.

———

Le Directeur-Propriétaire : E.-F. LE PREUX.

Imprimerie de Poupart-Davyl & Cⁱᵉ, rue du Bac, 30.

PARIS
ARCHITECTE

REVUE MENSUELLE ILLUSTRÉE

E.-F. LE PREUX

DIRECTEUR

Le prix de l'Abonnement annuel est, pour Paris, de 8 fr., & pour les départements, de 10 fr., frais de poste en sus pour l'étranger.

BUREAUX : RUE BLONDEL, 7, A PARIS

ÉCRIRE FRANCO

AVRIL 1865

SOMMAIRE

SALON DE 1865

Le numéro prochain de la revue *Paris Architecte* contiendra la *Critique du Salon d'architecture de 1865,* par M. Destailleur, architecte du Gouvernement.

— Le jury de l'Exposition d'architecture de 1865 est ainsi composé :

Membres élus par les Artistes:

MM. Duban, Viollet-le-Duc, Albert Lenoir. — *Supplémentaires :* MM. Laisné, Vaudoyer, Garnier.

Membres choisis par l'Administration:

M. de Sommerard. — *Supplémentaire :* M. le baron de Guilhermy.

CONCOURS

La ville de Vienne *(Isère)* met au concours la confection d'un plan avec devis d'un théâtre à construire.

Une prime de 1,000 fr. sera accordée à l'auteur du projet classé le premier, une deuxième de 500 fr. à celui classé en second.

Ces prix seront délivrés sur le rapport d'un jury spécial.

Le concours, ouvert dès à présent, sera clos le premier octobre 1865.

Pour les renseignements et demandes de programmes, s'adresser au maire de la ville de Vienne.

MONUMENT DES SOURCES DE LA SEINE

La ville de Paris vient d'acquérir l'emplacement où sont situées les sources de la Seine* et fait étudier le projet d'un monument qu'elle y élèvera à ce fleuve qui a joué et joue encore un si grand rôle dans l'approvisionnement de la capitale.

* Ces sources sont situées près de Chanceaux (Côte-d'Or) sur la route de Paris à Dijon.

Pavillon de Flore N^{lle} 1864 Georges Clère

GRANDS PRIX DE ROME

ARCHITECTURE

Sont admis en loges :

MM. Rigault, élève de MM. Lesueur, Lebas et Ginain; Arnold, Gerhardt, Escalier, élèves de M. André; Batigny, élève de MM. Lebas et Ginain ; Julien, élève de M. Paccard, Weyland, élève de M. Constant Dufeux ; Noguet, élève de MM. Garnaud et Questel ; Bémont, élève de M. Constant Dufeux; André Gaspard, élève de M. Questel.

Le sujet du concours est : *Une vaste hôtellerie pour des voyageurs*.

— Sortie des loges le 29 juillet à sept heures du soir.

— Exposition des ouvrages les 12, 13 et 14 août dans une salle du palais de l'École des Beaux-Arts.

EXPLICATION DE NOS GRAVURES

PLANCHES VII & VIII

Bibliothèque Impériale

PAR M. HENRI LABROUSTE, O ✳, ARCHITECTE DES BIBLIOTHÈQUES IMPÉRIALE ET DE SAINTE-GENEVIÈVE, INSPECTEUR GÉNÉRAL DES ÉDIFICES DIOCÉSAINS

Ensemble des magnifiques nouvelles façades de la Bibliothèque Impériale et détail d'une des fenêtres.

La gravure placée dans notre texte représente un détail du nouveau pavillon de Flore aux Tuileries. Sculpteur : M. Georges Clère.

Le Directeur-Propriétaire : E.-F. LE PREUX.

Imprimerie de Poupart-Davyl & Ce, rue du Bac, 30.

PARIS
ARCHITECTE

REVUE MENSUELLE ILLUSTRÉE

E.-F. LE PREUX
DIRECTEUR

Le prix de l'Abonnement annuel est, pour Paris, de 8 fr., et pour les départements, de 10 fr., frais de poste en sus pour l'étranger.

BUREAUX : RUE BLONDEL, 7, A PARIS
ÉCRIRE FRANCO

MAI 1865

SOMMAIRE

TEXTE : Salon de 1865. — Explication de nos gravures.

GRAVURES : Pl. IX. Tombeau de l'empereur Napoléon Ier, grille d'entrée *(feu Jules Bouchet, architecte).* — Pl. X. Un meuble *(H. Destailleur, architecte).*

SALON DE 1865

ARCHITECTURE

Dans un recueil de proverbes du dix-septième siècle édité par J. Lagniet on voit un architecte étudiant un projet et au dessous comme légende : *Le papier souffre tout.* Ce qui était vrai, il y a deux cents ans, l'est encore aujourd'hui, aussi les projets d'architecture offrent-ils d'autant plus d'intérêt qu'ils ont été conçus en vue d'une exécution immédiate. La pensée de l'artiste prend au contact de la réalité un cachet de précision, de clarté qui en double la valeur.

On doit se féliciter de la bonne fortune qui nous permet cette année d'examiner plusieurs projets d'édifices exécutés, ou en cours d'exécution. Les hôtels de préfecture dominent, et je suis forcé de leur adresser à tous le même reproche, qui n'est certes pas du fait des architectes; ils ont évidemment suivi le programme qui leur était imposé : tous les plans exposés supposent dans le préfet une fortune de millionnaire. Je conçois que l'habitation destinée au premier des fonctionnaires civils du département soit spacieuse, commode, qu'on y adjoigne quelques salles de fêtes faciles à ouvrir les jours de réception ; mais pourquoi lui construire des habitations qui l'entraîneront à des dépenses habituelles hors de proportion avec son traitement? Il y a là un défaut dans le programme. Le projet de l'hôtel de préfecture de MM. Durand et Gaëtan Guérinot est étudié avec soin dans le style du commencement du dix-septième siècle ; on y sent un reflet des constructions de Henri IV à Fontainebleau. Le plan manque de simplicité; il semble que les auteurs, préoccupés d'obtenir des mouvements dans leurs façades, l'aient un peu trop sacrifié à leurs dispositions intérieures.

M. Corroyer a exposé un projet d'hôtel de préfecture pour Roanne. Le plan en est simple et bien conçu.

Le motif milieu de la façade principale paraît un peu élevé pour sa largeur ; quant à la décoration intérieure, si je la jugeais d'après le dessin exposé, je la trouverais dans des tons bien vifs ; mais comme il est à peu près impossible d'arriver à donner à l'aquarelle des effets de couleurs très-justes, je ne fais cette critique que sous toute réserve.

Le projet de préfecture pour Lille, exposé sous le numéro 3,185, est un véritable palais ; il y a même un petit hôtel à part pour le secrétaire général, ce qui ne doit pas être très-commode pour le service.

Mais d'autres édifices administratifs méritent à juste titre d'être examinés. Le projet de maison d'arrêt, rue de la Santé, de M. Vaudremer est parfaitement étudié, les dispositions générales sont bien comprises et paraissent se prêter à une surveillance facile pour chaque service sans manquer cependant des dégagements qui leur sont nécessaires ; enfin la ventilation et le chauffage sont bien combinés. J'aurais beaucoup désiré étudier en détail ce projet ; malheureusement les plans étaient exposés trop haut pour que l'on pût lire la légende perdue dans une teinte grise assez foncée. Je n'ai pu m'attacher qu'aux dispositions générales.

L'architecte dans ses élévations n'a employé avec raison que des matériaux simples et solides ; aussi est-il parvenu à donner beaucoup de caractère à tout l'édifice en se servant de meulières.

Le terrain a beaucoup gêné M. Rouyer dans son projet de mairie, d'école et de salle d'asile pour Neuville (Marne) : les dispositions de ces divers bâtiments sont bonnes mais trop resserrées. Je regrette dans les façades un motif de buste placé au deuxième étage ; à une aussi grande hauteur, il est à craindre qu'on ne puisse distinguer ni les traits, ni le nom de la personne qu'on a voulu honorer : en général les élévations gagneraient à être plus simples.

(La suite au prochain numéro.)

EXPLICATION DE NOS GRAVURES

PLANCHE IX

Tombeau de l'Empereur

PAR FEU JULES BOUCHET, ARCHITECTE DU GOUVERNEMENT

Cette grille d'entrée est celle du tombeau de l'empereur Napoléon Ier à l'Hôtel impérial des Invalides.

Elle est l'œuvre de l'auteur justement célèbre des *Compositions antiques*, de la *Villa Pia* & du *Laurentin*.

« Lorsque la mort cruelle a brisé subitement la carrière de Visconti, « le tombeau de Napoléon était achevé ; Visconti, s'il eut le temps « d'arrêter sa pensée sur les choses de la terre, a pu mourir tranquille, « car il connaissait bien le caractère loyal de Jules Bouchet, qui, choisi « après lui pour être architecte du tombeau, a mis sa gloire à respecter, « et c'est un devoir difficile, l'œuvre de son devancier, tous ses soins à « en embellir les abords...

« Son talent, qui n'a pas eu de déclin, fut toujours élevé ; sa mémoire « est parfaitement pure. Honneur soit à son nom !... »

(H. Barbet de Jouy.)

PLANCHE X

Un Meuble

PAR H. DESTAILLEUR, ARCHITECTE DU GOUVERNEMENT

Ce meuble, destiné à supporter un coffret en cristal de roche du XVIe siècle, a été exécuté à Paris pour M. le duc de Mouchy.

La sculpture a été exécutée par M. Doussamy.

Le Directeur-Propriétaire : E.-F. LE PREUX.

Imprimerie de Poupart-Davyl & Ce, rue du Bac, 30.

PARIS
ARCHITECTE

REVUE MENSUELLE ILLUSTRÉE

E.-F. LE PREUX
DIRECTEUR

Le prix de l'Abonnement annuel est, pour Paris, de 8 fr., et pour les départements, de 10 fr., frais de poste en sus pour l'étranger.

BUREAUX : RUE BLONDEL, 7, A PARIS
ÉCRIRE FRANCO

JUIN 1865

SOMMAIRE

Texte : Salon de 1865. — Explication de nos gravures.

Gravures : Pl. XI. Mairie du septième arrondissement *(J. Uchard ✳, architecte)*. — Pl. XII. Fontaine des Innocents (restauration), *(Davioud ✳, architecte)*.

SALON DE 1865
ARCHITECTURE
(Suite)

La disposition de salle de dimension restreinte pour le musée d'Aix est excellente; les élévations ont de la grandeur, mais on pourrait reprocher à M. Huot leur manque d'originalité. Le même reproche ne peut être adressé au projet de puits artésien de M. Hardy : l'idée est heureuse, mais les détails sont d'une originalité trop cherchée.

On conçoit du reste que nos architectes soient tentés d'étudier un monument dont l'aspect extérieur n'a pas encore été trouvé, car on ne peut s'arrêter à ce qui a été exécuté à Grenelle.

Maintenant que l'Administration a confié à M. Gilbert, membre de l'Institut, le soin de préparer le projet de reconstruction de l'Hôtel-Dieu, il est regrettable que M. Delebarre n'ait pas dirigé ses efforts sur un autre sujet; mais il est juste de signaler dans ce projet de bonnes dispositions; l'on ne saurait trop louer l'auteur d'avoir cherché à éviter les grandes salles si redoutées par les médecins.

Le plan de l'église de Rambouillet, de M. de Perthes, plaît par sa simplicité; la coupe est jolie d'étude; mais le clocher me paraît lourd, surtout dans le bas.

M. Duval a entrepris dans son projet d'église pour le dix-neuvième arrondissement de Paris une tâche bien difficile, celle de concilier des détails d'architecture de notre époque avec des formes du quatorzième et du quinzième siècle. Jusqu'ici cet essai n'a pas réussi; l'exemple de M. Hittorff dans la mairie construite en parrallèle de l'église Saint-Germain-l'Auxerrois n'encourage pas à suivre cette voie.

Les dispositions du plan de M. Duval sont bonnes, mais les clochers gagneraient à être plus élancés.

Le projet d'asile ouvroir pour Roucy (Aisne), de M. Destors, est très-consciencieusement étudié et bien rendu. L'aspect général est un peu claustral.

Le projet de cercle militaire sur la butte des Moulins, de M. Trilhe, me paraît d'une décoration bien chargée; les galeries ouvertes seraient d'une exécution presque impossible dans notre climat, et dans un établissement où tout doit être combiné pour satisfaire aux exigences du comfort.

Il y a de grandes dispositions dans l'esquisse d'un palais impérial sur la butte Montmartre; mais c'est plutôt un palais de fées qu'une esquisse sérieuse.

Pour apprécier convenablement le monument commémoratif de la défense de Paris en 1814, par M. Hénard, il faudrait connaître le programme donné par la ville de Paris. Cette ignorance arrête également l'éloge et la critique.

Parmi les projets qui doivent être appréciés au point de vue de l'imagination, je ne dois pas oublier l'habitation princière de M. Bruneau qui a multiplié dans ses façades les motifs de décoration au point que les unes nuisent complétement aux autres. J'ai remarqué cependant une jolie étude d'œil-de-bœuf; la disposition du plan laisse à désirer.

(La suite au prochain numéro.)

EXPLICATION DE NOS GRAVURES

—

PLANCHE XI

Mairie du VIIe arrondissement

PAR M. J. UCHARD ✻, ARCHITECTE DU VIIe ARRONDISSEMENT DE LA VILLE DE PARIS

Bâti au XVIIIe siècle, d'après les dessins de Boffrand, sur l'emplacement de l'ancienne demeure du maréchal de Villars, l'hôtel du duc de Brissac fut, sous le premier empire, habité par le ministre de l'Intérieur.

Sous la Restauration, propriété de la famille Forbin-Janson, il fut acquis en 1848 par M. Mathieussen qui le loua à l'État pour l'ambassade ottomane; en 1861, enfin, la ville de Paris l'acheta pour y installer la mairie du VIIe arrondissement.

Ce plan est celui du rez-de-chaussée des bâtiments si parfaitement distribués par M. Uchard ; en voici la légende :

A. Vestibule.
B. Salle des Commissions.
C. Maire.
D. Adjoints.
E. Mariages.
F.
G. } Naissances.
H. Bureaux des mariages.
I. Secrétariat.
K. Décès.
L. Bureau militaire.
M. Distribution.
N. Poste de police.
a. Chef des bureaux.
b. Sous-chef.
c. Salle d'attente.
d. Antichambre.
e. Commissaire.
f. Employés.

g. Salle d'attente.
h. Violon des hommes.
i. *Id.* des femmes.
k. Officier de paix.
l. Garde nationale.
m. Officier.
n. Tambour-maître.
o. Bureau du gaz.
p. Contrôleur du gaz.
q. Poste de tambours.
r. Bureau des eaux.
s. Contrôleur des eaux.
t. Pompe.
u. Sapeurs-pompiers.
v. Salle d'attente des indigents.
x. Magasin.
y, z, z'. Concierge.

PLANCHE XII

Fontaine des Innocents

RESTAURATION PAR M. DAVIOUD ✳, ARCHITECTE EN CHEF DU SERVICE DES PROMENADES ET PLANTATIONS DE LA VILLE DE PARIS

Cette fontaine, œuvre de Jean Goujon, était autrefois au milieu des anciennes Halles ; elle a été transférée dans un charmant square et restaurée par M. Davioud.

Le Directeur-Propriétaire : E.-F LE PREUX.

Imprimerie de Poupart-Davyl & Ce, rue du Bac, 30.

PARIS
ARCHITECTE

REVUE MENSUELLE ILLUSTRÉE

E.-F. LE PREUX
DIRECTEUR

Le prix de l'abonnement annuel eſt, pour Paris, de 8 fr., & pour les départements, de 10 fr., frais de poſte en sus pour l'étranger.

BUREAUX : RUE BLONDEL, 7, A PARIS
ÉCRIRE FRANCO

JUILLET 1865

SOMMAIRE

SALON DE 1865
ARCHITECTURE
(Suite & fin)

Le plan d'hôtel pour Vienne, de M. Hugelin, me paraît compliqué dans ses diſtributions, &, je le crains, peu commode. Le veſtibule eſt trop haut comme proportion : quant aux élévations, elles ont un aspect oriental qui s'explique difficilement.

Comme toujours, les restaurations forment une des parties les plus importantes de l'Exposition ; je ne citerai que les travaux les plus intéressants. L'essai de restauration des ruines de Khosrabad par M. Place paraît traité avec tout le soin désirable, mais il faut des connaissances toutes spéciales pour apprécier un pareil travail, & nous avouons sous toutes réserves que quelques-unes de ces restaurations nous paraissent un peu arbitraires.

Sous le numéro 3207, M. Lejeune a exposé des carrelages émaillés du château d'Écouen ; ce sont de beaux modèles des arabesques de la Renaissance.

Il y a de curieux détails dans les études de M. Parmentier sur Madrid.

L'abbaye de Fontenelle a fourni à M. Loué le sujet d'un excellent travail : le rendu en est simple & parfaitement compris.

Si le cadre de cette revue ne nous permet pas d'apprécier séparément tous les travaux exposés cette année, nous pouvons du moins les signaler, & puisque nous nous occupons des restaurations, nous devons parler de celle du château des évêques de Soissons par M. Truchy, du projet de chapelle pour le transept de la cathédrale d'Orléans de M. Devrez, de la restauration d'une mosaïque découverte en 1860 par M. de Perthes. J'ajouterai à ces noms ceux de MM. Brien, auteur d'un consciencieux travail sur le lycée du Havre qui n'a que le défaut d'être rendu d'une manière peu séduisante ;

J. Bouchet, dont le projet de Château-d'Eau offre des parties bien conçues, enfin M. C. Thomas qui a exposé un charmant crayon (vue du Capitole), tout étonné de se trouver au milieu de ces élévations géométrales.

H. Destailleur,
Architecte du Gouvernement.

SALON DE 1865

RÉCOMPENSES ACCORDÉES PAR LE JURY

Artistes Architectes Médaillés

MM. Coquart, De Perthes, Huot, Maurice Ouradou, Thomas & Vaudremer.

L'APPAREIL DUBRONI

Nous signalons à nos lecteurs l'avantageux emploi qu'ils peuvent faire d'un nouvel appareil des plus ingénieux.

C'est l'appareil photographique de poche Dubroni, qui contient, sous un mince volume, l'appareil & les produits permettant à la personne la plus ignorante en matière photographique, d'obtenir de suite, sans laboratoire & surtout sans se tacher les doigts, les résultats les plus satisfaisants.

Le bas-relief du tombeau de Hersent que contient cette livraison, les figures des fontaines des Arts-&-Métiers que nous allons publier, nombre d'autres motifs d'architecture dont nous avons obtenu de rapides & fidèles reproductions à l'aide de cet appareil, nous permettent d'en recommander la précieuse utilité.

Prix complet : 40 francs. — S'adresser rue Jacob, 6, à Paris.

EXPLICATION DE NOS GRAVURES

PLANCHE XIII

Tombeau de Hersent

PAR M. DESTAILLEUR, ARCHITECTE DU GOUVERNEMENT

Façade latérale du tombeau de Hersent, dont notre 1re livraison de 1865 donne la façade principale & le plan.

Le texte de cette même livraison contient tous les détails relatifs à ce monument.

PLANCHE XIV

Petit Hôtel

PAR E. SANSON, ARCHITECTE

Plans du rez-de-chaussée & du 1er étage d'un petit hôtel sis boulevard Pereire à Paris.

Voici la légende de ces plans :

REZ-DE-CHAUSSÉE

A. Galerie.
B. Serre, jardin d'hiver.
C. Salon.
D. Petit Salon.
E. Salle à manger.
F. Office & monte-plats.
G. Cabinet, bibliothèque.

1er ÉTAGE

A. Antichambres.
B. Chambres.
C. Cabinets de toilette.

Le Directeur-Propriétaire : E.-F. LE PREUX.

Imprimerie de Poupart-Davyl & Cᵉ, rue du Bac, 30.

PARIS
ARCHITECTE

REVUE MENSUELLE ILLUSTRÉE

E.-F. LE PREUX
DIRECTEUR

Le prix de l'Abonnement annuel est, pour Paris, de 8 fr., & pour les départements, de 10 fr., frais de poste en sus pour l'étranger.

BUREAUX : RUE BLONDEL, 7, A PARIS
ÉCRIRE FRANCO

AOUT 1865

SOMMAIRE

CONCOURS

MONUMENT AU ROI DOM PEDRO IV

Le genre & le style de ce monument à élever sur la place de D. Pedro (Rocio), à Lisbonne, sont laissés au choix des concurrents; cependant, en raison des dimensions de cette place & de la proximité de la statue du roi D. Joseph Ier, il ne devra pas être présenté de projet de statue équestre.

Il sera décerné cinq prix : le premier de 11,100 fr, le second de 5,550 fr., & les trois autres de 2,755.

Ire ANNÉE.   N° 8.

Dans le cas où l'auteur du projet ayant obtenu le premier prix serait chargé de son exécution, il n'aura pas droit à recevoir la valeur de ce prix.

Les dépenses occasionnées par ce monument ne devront pas dépasser une somme de 45o,ooo francs.

Nous avons, dans notre numéro de mars 1865, donné le résultat du jugement de ce concours, auquel ont pris part quatre-vingt-sept concurrents; nous offrons aujourd'hui à nos lecteurs la composition de MM. Davioud & Élias Robert, qui ont obtenu le premier prix.

A chacun des angles du carré que forme un soubassement en granit, est placée, sur un piédestal, une statue assise. Ces figures, indépendamment de leur signification symbolique, font matériellement office de contre-forts & conduisent l'œil jusqu'au pied de la colonne. Elles représentent les quatre vertus cardinales : la Prudence, la Justice, la Force & la Tempérance. Sur la partie du soubassement qui les joint, les armoiries des vingt principales villes du Portugal expriment le concours patriotique de la nation.

Au-dessus d'un piédestal où quatre tables décorées de guirlandes & de couronnes recevront les inscriptions des faits que rappellera ce monument, la colonne proprement dite présente sur son fût inférieur quatre Renommées reliées par des guirlandes & des couronnes.

Enfin, le chapiteau de la colonne supporte le piédestal sur lequel se dresse la statue de dom Pedro IV.

Le monument comporte dans son ensemble une hauteur de 27 mètres 5o centimètres; sans s'éloigner de la tradition des monuments honorifiques, il se distingue par un caractère essentiellement moderne, très-habilement exprimé par ses auteurs.

Monument a Dom Pedro

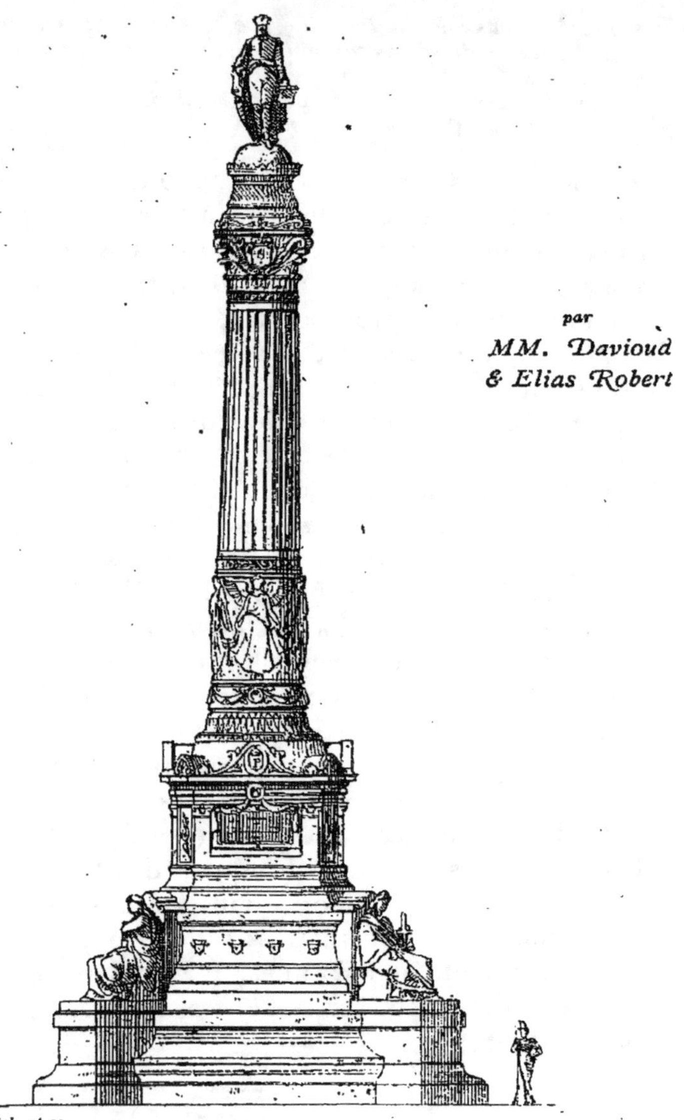

E.-F. Le Preux del. et sc.

EXPLICATION DE NOS GRAVURES

—

PLANCHE XV

Mairie du VIIe Arrondissement

PAR M. J. UCHARD, ✳, ARCHITECTE DU VIIe ARRONDISSEMENT DE LA VILLE DE PARIS

Plans du 1er étage (*) & de l'entre-sol dont les murs sont plus légèrement teintés.

a.	Logement.		*n.*	Secrétaire du Juge de Paix.
b.	Chambres.		*o.*	Greffier.
c.	Chef de bureau.		*p.*	Employés du Greffe.
c'.	Ingénieur.		*q.*	Salle des Caisse d'épargne secours mutuels & sociétés savantes.
d.	Dessinateurs.			
e.	Archives.		*r.*	Secrétaire.
f.	Service des travaux.		*s.*	Adjudants majors.
g.	Service municipal.		*t.*	Major.
h.	Employés.		*u.*	Conseils d'adminiſtration.
i.	Secrétaire trésorier			
j.	Salle de conseil.		*v.*	Logement.
k.	Salle d'audience.		*x.*	Logement.
l.	Juge de Paix.			
m.	Conseils de famille.			

PLANCHE XVI

Maison à Paris

PAR SÉDILLE, ARCHITECTE

Croisée d'angle, au 1er étage, d'une maison sise au coin des boulevard Malesherbes et rue Laborde.

(*) Voir notre livraison de juin 1865.

Le Directeur-Propriétaire : E.-F. LE PREUX.

Imprimerie de Poupart-Davyl & Co, rue du Bac, 30.

PARIS ARCHITECTE

REVUE MENSUELLE ILLUSTRÉE

E.-F. LE PREUX

DIRECTEUR

Le prix de l'Abonnement annuel eſt, pour Paris, de 8 fr., & pour les départements, de 10 fr., frais de poste en sus pour l'étranger.

BUREAUX : RUE BLONDEL, 7, A PARIS

ÉCRIRE FRANCO

SEPTEMBRE 1865

SOMMAIRE

AVIS IMPORTANT

La seconde année de la revue *Paris architecte* commencera en octobre 1866; d'ici là, les numéros en retard seront servis aux souscripteurs.

A dater de ce jour, le prix de l'abonnement annuel eſt porté à 10 francs pour Paris & 12 francs pour les départements.

Iʳᵉ ANNÉE.   Nº 9.

CONCOURS

Le concours ouvert à l'occasion d'un projet de monument à élever, à Nice, au maréchal Masséna, a été jugé par le jury d'architecture & de sculpture du Salon de 1865.

L'exécution de ce monument eſt confiée à M. Carrier-Belleuse, le prix de 1,000 francs accordé à M. A. Doublemard, celui de 500 fr. à M. Jules Girard.

GRANDS PRIX DE ROME

ARCHITECTURE

JUGEMENT DU 11 AOUT 1865

Grand Prix. — L. Noguet, *né en* 1835, *à Paris, élève de M. Questel.*

Grand Prix. — G.-A. Gerhardt, *né en* 1843, *à Strasbourg, élève de M. André.*

1er Accessit. — G.-A. André, *né en* 1840, *à Lyon, élève de M. Questel.*

2e Accessit. — J.-L. Batigny, *né en* 1838, *à Valenciennes, élève de MM. Lebas et Ginain.*

Quelques minutes avant qu'un tremblement de terre se fasse sentir, l'aimant perd sa propriété attractive.

Or donc, l'approche d'un de ces phénomènes terribles fera tomber un aimant suspendu par sa propre force à une barre de fer doux.

Si l'on a eu la précaution de placer, au-dessous de lui, un disque de métal sonore, le bruit de la chute servira d'avertissement et permettra d'échapper à de terribles cataſtrophes.

Ainsi font les Japonais, un peuple arriéré, dit-on.

PORTE DE JARDIN D'UNE MAISON A PÉKIN

D'après un dessin de M. W. Graham, architecte anglais,
notre correspondant

Quelques mots adressés autrefois à M. Le Preux par l'honorable député des Côtes-du-Nord et qui, nous le croyons, seront encore bien longtemps vrais.

« Milan, 1844.

« ... Je vois et j'admire l'habileté des architectes d'ici dans l'art des constructions. Leur goût est au delà de tout ce qu'on peut dire. Nos architectes français, sans aucun doute, en ont autant; mais ils ont affaire à des propriétaires qui en ont beaucoup moins, ou qui n'en ont pas du tout. De là la différence entre la physionomie des villes françaises et celles de l'Italie.

« AL. GLAIS-BIZOIN. »

Une commission d'architectes & de conftructeurs a déclaré vicieuse & menaçante la conftruction du Cirque du Prince-Impérial.

Que dirait donc une commission d'architectes & d'artiftes au point de vue de l'art & de la diftribution ? J'ai rarement vu la preuve d'un aussi mauvais goût, d'aussi détestables dispositions.

EXPLICATION DE NOS GRAVURES

PLANCHE XVII

Fontaine du Square des Arts-et-Métiers

PAR M. DAVIOUD ✳, ARCHITECTE EN CHEF DU SERVICE DES PROMENADES ET PLANTATIONS DE LA VILLE DE PARIS ET DES THÉATRES DE LA PLACE DU CHATELET

Nous donnerons la notice de cette fontaine, avec d'autres détails qui compléteront l'ensemble du square des Arts-et-Métiers.

Au centre de l'allée médiane de ce square, on élève une colonne en granit qui sera surmontée d'une ftatue de la Victoire, par M. Crauck, & dont le piédeftal portera des inscriptions relatives à nos victoires de Crimée.

PLANCHE XVIII

Deux Tombeaux

PAR SEDILLE, ARCHITECTE

Ces deux tombes ont été exécutées au cimetière du Père-Lachaise.

Le Directeur-Propriétaire : E.-F. Le Preux.

Imprimerie de Poupart-Davyl & Cᵉ, rue du Bac, 30.

PARIS ARCHITECTE

REVUE MENSUELLE ILLUSTRÉE

E.-F. Le Preux

DIRECTEUR

Le prix de l'Abonnement annuel est, pour Paris, de 8 fr., & pour les départements, de 10 fr., frais de poste en sus pour l'étranger.

BUREAUX : RUE BLONDEL, 7, A PARIS

ÉCRIRE FRANCO

OCTOBRE 1865

SOMMAIRE

TEXTE : Théâtre de Vienne. — M. Emile Reïber et *l'Art pour tous.* — Concours *(salle de concerts à Versailles).* — Explication de nos gravures.

GRAVURES : Pl. XIX et XX. Premières études du monument de Molière *(feu Visconti, C ✳, architecte).*

CONCOURS

Le concours ouvert par la ville de Vienne (Isère), pour la confection des plans & devis d'un théâtre, vient d'être jugé.

Vingt et un projets avaient été envoyés; le premier prix (1,000 fr.) a été décerné à M. Gion & le second (500 fr.) à M. Albert Leclère, l'un & l'autre architectes à Paris.

<table>
<tr><td>Ire ANNÉE.</td><td>N° 10.</td></tr>
</table>

Pour paraître prochainement dans la revue *Paris Architecte* :

Tribunal de Commerce (suite), par A.-N. BAILLY ✳.
Un frontispice inédit de feu JULES BOUCHET..
Square des Arts-et-Métiers (suite), par DAVIOUD ✳.
Une entrée des Tuileries (projet), par feu DE LANNOY ✳.
Pavillon de Flore, aux Tuileries, par H. LEFUEL, O ✳, architecte de l'Empereur.
Chenils de l'École impériale vétérinaire d'Alfort, par LE PREUX ✳
Projet d'agrandissement & de reſtauration du Collége impérial de France, par LE PREUX ✳, architecte de ce collége.
Inſtallation de la galerie de l'Orfévrerie française à l'Exposition universelle de 1867, par ÉMILE REIBER.
(*Dans une notice jointe à ces gravures, on trouvera des éléments curieux de prix économiques pour ces constructions provisoires ordinairement si coûteuses.*)
Mairie du VIIᵉ arrondissement (suite), par UCHARD ✳.
Archives de la Cour des Comptes par VAN CLÉEMPUTTE ✳.

Motifs intéressants parmi les plus intéressants que nous publierons.

Dans le texte, nous donnerons une série d'études comparatives des conſtructions françaises & italiennes, par Glais-Bizoin, député au Corps Législatif.

M. Émile Reiber, que nous venons de citer, s'eſt fait une réputation juſtement méritée par sa publication *de l'Art pour tous :* un succès que personne n'a oublié.

Cette revue n'eſt plus dans les mains de M. Reiber, pour un de ces motifs comme en ont presque tous les marchands, je veux dire les éditeurs d'architecture; elle eſt maintenant dirigée par M. Sauvageot, qui n'eſt pas M. Sauvageot le collectionneur, mort il y a quelques années.

L'Art pour tous a perdu le talent si souple & si varié de M. Reiber, qui s'eſt voué à la composition décorative : tant mieux pour l'art contemporain, qui saura en faire grand profit.

CONCOURS

MAIRIE DE VERSAILLES

Un abri pour les Musiciens militaires.

Voici les termes du testament de M. Barascud :

« Je donne à la ville de Versailles une somme de 3o,ooo fr.
« pour l'élévation d'une salle pour les concerts publics que
« donnent les régiments. Si on pouvait l'élever sur l'avenue
« de Berry, & la faire avec assez d'économie pour y joindre
« des galeries latérales, on obtiendrait ce qui manque à
« Versailles : un promenoir pour l'hiver . . . »

Cette construction devra pouvoir se déplacer & se reporter sur un autre emplacement.

Le concours est ouvert du 1er mars 1866 au 1er juin de la même année.

Il n'y aura qu'une seule épreuve sur dessins rendus.

Le montant du devis ne pourra dépasser une somme de 36,ooo fr., compris un quinzième pour travaux imprévus & honoraires de l'architecte.

Deux prix seront décernés :

Un premier de 8oo fr. ou l'exécution des travaux ;

Un second de 4oo fr.

Ceci, à cause de l'exactitude des revues d'architecture.

M. ***, alors élève de M. D***, lui . . . emprunta un dessin du célèbre portail d'A... qui n'a jamais été relevé exactement jusqu'à ce jour, il en fit un calque assez mauvais ; ledit calque, après je ne sais quelles vicissitudes, a été vendu à M. ***.

Ce dernier, avec l'aide de trois architectes & de diverses photographies, l'a arrangé & le va servir à ses abonnés.

Il faut ajouter que le dessin sera coté . . . au décimètre & d'après le fameux calque.

Voilà comme on publie l'histoire.

EXPLICATION DE NOS GRAVURES

—

PLANCHES XIX & XX

Monument de Molière

(PREMIÈRES ÉTUDES)

PAR FEU VISCONTI, C. ✳, ARCHITECTE DE S. M. L'EMPEREUR NAPOLÉON III

Tiré de la collection de M. L. de B.

Ces études, auxquelles nous avons conservé leur caractère d'esquisse, sont les premiers essais du monument élevé à Molière, rue de Richelieu, à Paris.

Comme on peut le voir, ce n'eſt que dans le deuxième projet (pl. XX), qu'un mascaron dans le soubassement indique l'idée d'y adapter une fontaine.

—

Louis Visconti naquit à Rome en 1791, & mourut à Paris en 1864.

Il fut élève de Percier & remporta le 2ᵉ Grand Prix en 1817.

Il était membre de l'Académie des Beaux-Arts, architecte de la Bibliothèque Impériale & de l'Empereur Napoléon III.

Ses principales conſtructions sont les fontaines Gaillon, Louvoïs, Saint-Sulpice & Molière; les monuments funéraires des maréchaux Lauriſton, Soult & Suchet; le Tombeau de l'Empereur Napoléon Iᵉʳ, aux Invalides, & enfin l'achèvement du Louvre, son œuvre, dont la mort lui déroba la vue.

Le Directeur-Propriétaire : E.-F. LE PREUX.

Imprimerie de Poupart-Davyl & Cᵒ, rue du Bac, 30.

PARIS
ARCHITECTE

REVUE MENSUELLE ILLUSTRÉE

E.-F. LE PREUX
DIRECTEUR

Le prix de l'Abonnement annuel est, pour Paris, de 8 fr., & pour les départements, de 10 fr., frais de poste en sus pour l'étranger.

BUREAUX : RUE BLONDEL, 7, A PARIS
ÉCRIRE FRANCO

NOVEMBRE 1865

SOMMAIRE

TEXTE : Concours *(Théâtre à Reims).* — Concours *(Prix Achille Leclère).* — Le Luxembourg. — Explication de nos gravures.
GRAVURES : Pl. XXI. Une cheminée *(Sedille, architecte).* — Pl. XXII. Un frontispice inédit *(Feu Jules Bouchet).*

CONCOURS

THÉATRE A CONSTRUIRE A REIMS

Ce théâtre ne devra pas coûter plus de 800,000 francs.
Trois primes seront accordées aux projets classés :
Une première de 12,000 fr., ou l'exécution des travaux;
Une deuxième de 3,000 francs;

1re ANNÉE.

N° 11.

Une troisième de 1,000 francs.

Les projets seront reçus jusqu'au 15 juillet 1866, & seront exposés dans une salle de la mairie de Reims, du 20 au 30 du même mois.

INSTITUT IMPÉRIAL DE FRANCE

ACADÉMIE DES BEAUX-ARTS

*Programme de concours pour le prix Achille Leclère
à décerner en 1866*

Conformément à la donation faite à l'Académie des Beaux-Arts par Mlle Efther Leclère, en mémoire de feu Achille Leclère, son frère, architecte, membre de l'Inftitut, l'Académie met chaque année au concours un sujet dont le prix, qui consifte en une médaille de la valeur de 1,000 fr., eft décerné, dans la séance publique annuelle de l'année suivante, à l'auteur du meilleur projet.

L'Académie propose, pour sujet du concours dont le prix sera proclamé en 1866, le projet d'un *Monument commémoratif du voyage de l'Empereur en Algérie*.

Ce monument, qu'on suppose élevé aux abords d'Alger, dominera la ville de manière à être aperçu de la plaine & de la mer; il sera accompagné de portiques disposés de manière à n'en pas masquer les aspects, & sur lesquels s'ouvriront des chambres nombreuses, à l'instar de celles des caravansérais; il eft deftiné à perpétuer le souvenir du voyage de l'Empereur dans la grande colonie française d'Afrique.

Le grand fait de la visite de l'Empereur, l'ère nouvelle qu'il inaugure pour l'Algérie, les espérances de civilisation, de conciliation, de développement des arts de la paix qu'il fait naître fourniront les motifs naturels de la composition, où peuvent être mises en œuvre toutes les ressources de l'architecture & de la sculpture.

L'architecture, œuvre de la France, tout en répondant aux besoins du climat de l'Afrique, ne devra pas affecter les formes de l'art arabe.

On fera le plan général et la façade principale de l'édifice sur une échelle de 0,01 centimètre pour mètre, et le détail du monument commémoratif sur une échelle de 0,04 centimètres pour mètre.

L'étendue du terrain n'eft pas fixée.

Les projets devront être déposés au secrétariat de l'Inftitut le 5 octobre 1866, de dix heures du matin à deux heures de l'après-midi; ils ne seront pas signés de leurs auteurs & porteront une épigraphe reproduite sur l'enveloppe d'un pli cacheté où seront renfermés le nom de l'auteur, son acte de naissance & l'indication de sa demeure.

Pour prendre part à ce concours, il faut être Français & âgé de trente ans au plus le jour de la publication du programme.

Que de bruit au sujet de la transformation du Luxembourg!...

Si l'on avait tout simplement régularisé les abords du jardin en l'isolant et que, contrairement à l'avis de M. Normand, on l'eût fait traverser par une avenue transversale, accessible aux voitures (1), et cela sans enquête aucune, le public eût crié à l'embellissement et tout eût été pour le mieux dans le meilleur des mondes possibles.

(1) *Cette avenue pourrait être couverte en certains endroits par des terrasses qui auraient relié les parties du jardin moralement divisé par cette allée; c'était là, sans aucun doute, enlever toute crainte d'accidents pour les piétons & les enfants.*

J'ai grand plaisir à signaler & à recommander une nouvelle publication de M. R. Pfnor, l'auteur & le graveur des Monographies des châteaux de Fontainebleau, d'Heidelberg & d'Anet.

L'Ornementation usuelle eft un ouvrage bon & beau; les artiftes nous donneront raison, à nous qui prédisons un succès.

EXPLICATION DE NOS GRAVURES

—

PLANCHE XXI

Une Cheminée

PAR SEDILLE, ARCHITECTE

Cette cheminée eft placée dans le grand salon d'un hôtel sis rue de Grenelle, au faubourg Saint-Germain.

PLANCHE XXII

Un Frontispice

(Inédit)

PAR FEU JULES BOUCHET, ARCHITECTE DU GOUVERNEMENT

Cette planche représente l'esquisse du frontispice que feu Jules Bouchet exécuta à l'aquarelle sur l'album de feu madame Bouchet.

Voyez page 20 de ce volume.

Le Directeur-Propriétaire : E.-F. LE PREUX.

Imprimerie de Poupart-Davyl & Cⁱ, rue du Bac, 30

PARIS
ARCHITECTE

REVUE MENSUELLE ILLUSTRÉE

E.-F. LE PREUX

DIRECTEUR

Le prix de l'Abonnement annuel est, pour Paris, de 8 fr., & pour les départements, de 10 fr., frais de poste en sus pour l'étranger.

BUREAUX : RUE BLONDEL, 7, A PARIS

ÉCRIRE FRANCO

DÉCEMBRE 1865

SOMMAIRE

TEXTE : A nos Souscripteurs. — Explication de nos gravures. — Table des matières.

GRAVURES : Pl. XXIII. Pavillon de Flore aux Tuileries *(H. Lefuel, O ✳,architecte de Sa Majesté l'Empereur)*. — XIV. Fontaine dans la cour d'un hôtel *(F. Le Preux ✳, architecte)*.

A NOS SOUSCRIPTEURS

Cette livraison est la dernière de la première année de *Paris architecte*, & nous saisissons cette occasion de remercier tous ceux que n'ont pas effrayés les longs retards occasionnés par l'indisposition grave de M. E.-F. Le Preux.

Iʳᵉ ANNÉE.   Nᵘ 12.

Grand merci à eux, grand merci aux maîtres en architecture qui nous ont aidé de leurs œuvres, de leurs bons conseils.

Disons aussi quelques mots de la guerre hypocrite & déloyale que nous ont faite certains éditeurs d'architecture; cette livraison met fin aux bruits malveillants qu'ils avaient pris la peine de faire courir. Quelques mots aussi sur quelques-uns de nos *amis* qui, comme ils le disent naïvement, n'ont jamais regardé notre publication & la trouvent fort mauvaise; nous ferons mieux une seconde année, ce à quoi, un nombre considérable d'abonnés & l'expérience d'une première année vont nous aider puissamment.

EXPLICATION DE NOS GRAVURES

PLANCHE XXIII

Pavillon de Flore

(TUILERIES)

PAR H. LEFUEL, O, ✳, ARCHITECTE DE S. M. L'EMPEREUR, MEMBRE DE L'INSTITUT

Ce détail, que nous devons à la gracieuse obligeance de M. Lefuel, représente la baluftrade & l'un des vases placés aux angles du couronnement du pavillon de Flore.

PLANCHE XXIV

Hôtel à Paris

PAR F. LE PREUX ✳, ARCHITECTE DU GOUVERNEMENT

Cette Fontaine, placée dans la cour d'un hôtel, vient d'être démolie pour le passage d'une des nouvelles rues du quartier des Champs-Élysées.

Le Directeur-Propriétaire : E.-F. LE PREUX.

PARIS ARCHITECTE

REVUE MENSUELLE ILLUSTRÉE

Table des Matières de la première année

1865

Imprimerie de Poupart-Davyl & Cᵒ, rue du Bac, 30

PARIS — ARCHITECTE
1865

TRIBUNAL DE COMMERCE
PL. II
par A. N. Bailly. 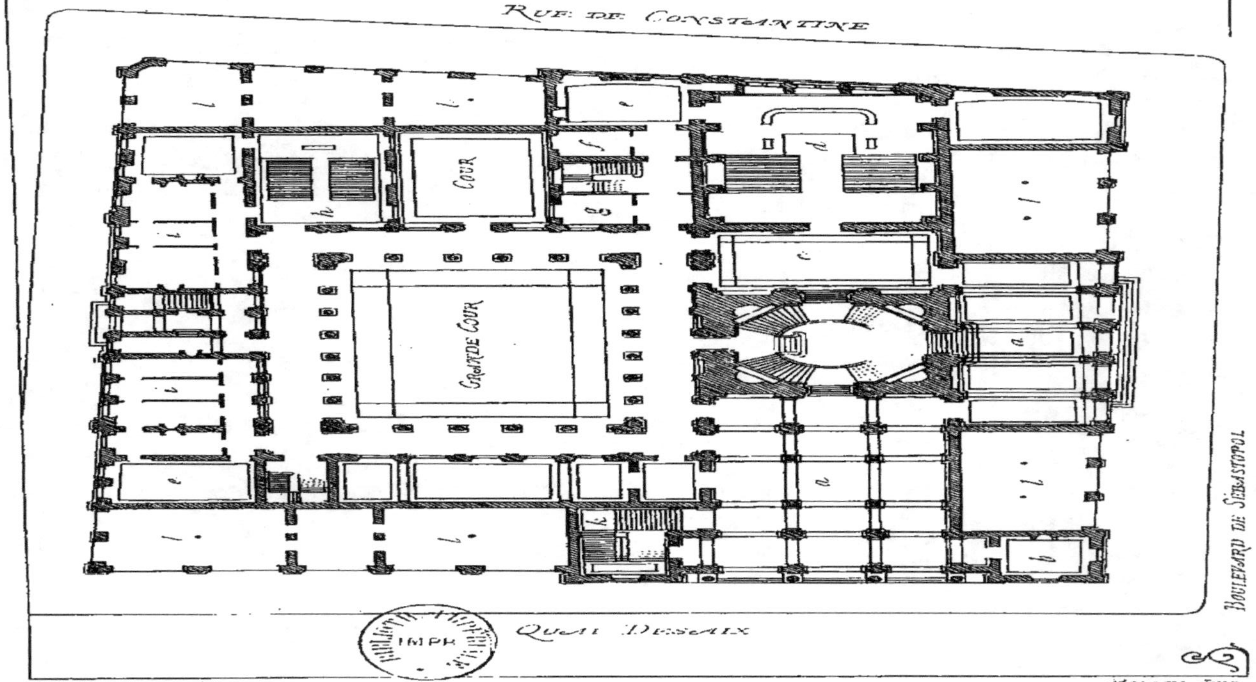
RUE DE CONSTANTINE
COUR
GRANDE COUR
QUAI DESAIX
BOULEVARD DE SÉBASTOPOL
PARIS ARCHITECTE
1865
E. F. Le Fœux del. et sc.
Mouïse Imp.

V. Baltard
Architecte

PÉTRIS - Architecte
1865

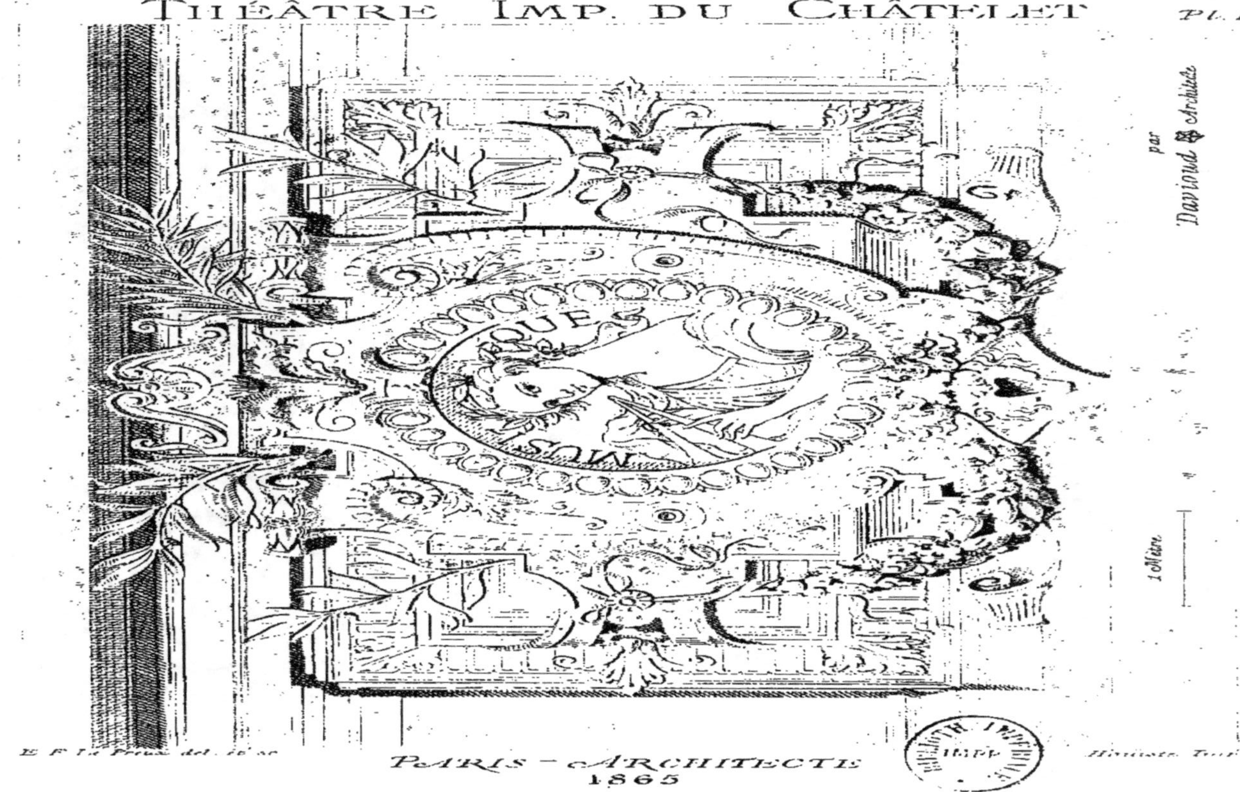

THÉÂTRE IMP. DU CHÂTELET
PL. IV.
par
Davioud & Architecte
PARIS — ARCHITECTE
1865
1 Mètre
E. F. Le Prieur del. et sc.
Monrocq. Paris

E.F. Le Preux del. et sc.

PARIS — ARCHITECTE
1865

Houiste Imp.

par Henri Labrouste

PARIS — ARCHITECTE
1865

par Henri Labrouste, O✳.

F. F. le Preuc del. et sc.

PARIS - C ARCHITECTE.
1865

Houste. Imp.

par
feu Jules Bouchet
Arch.te du Gouv.t

E.F. Le Preux del. et sc.

PARIS ARCHITECTE
1865

Houiste Imp.

Pl. F

PARIS – ARCHITECTE
1865

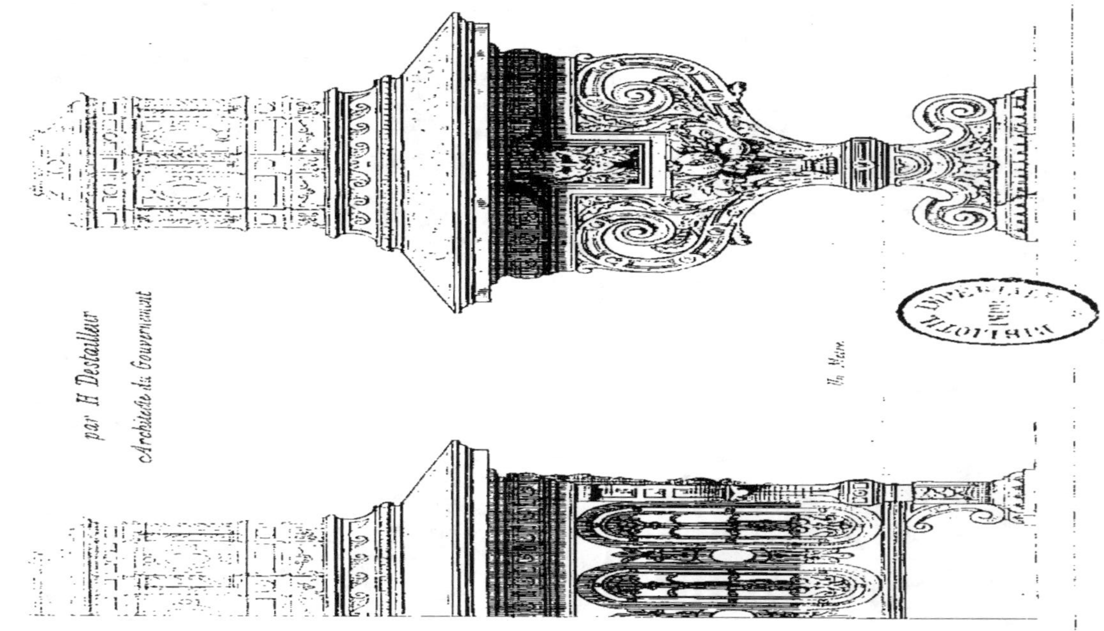

MAIRIE DU VIIᵉ ARROND.ᵗ
PL. XI 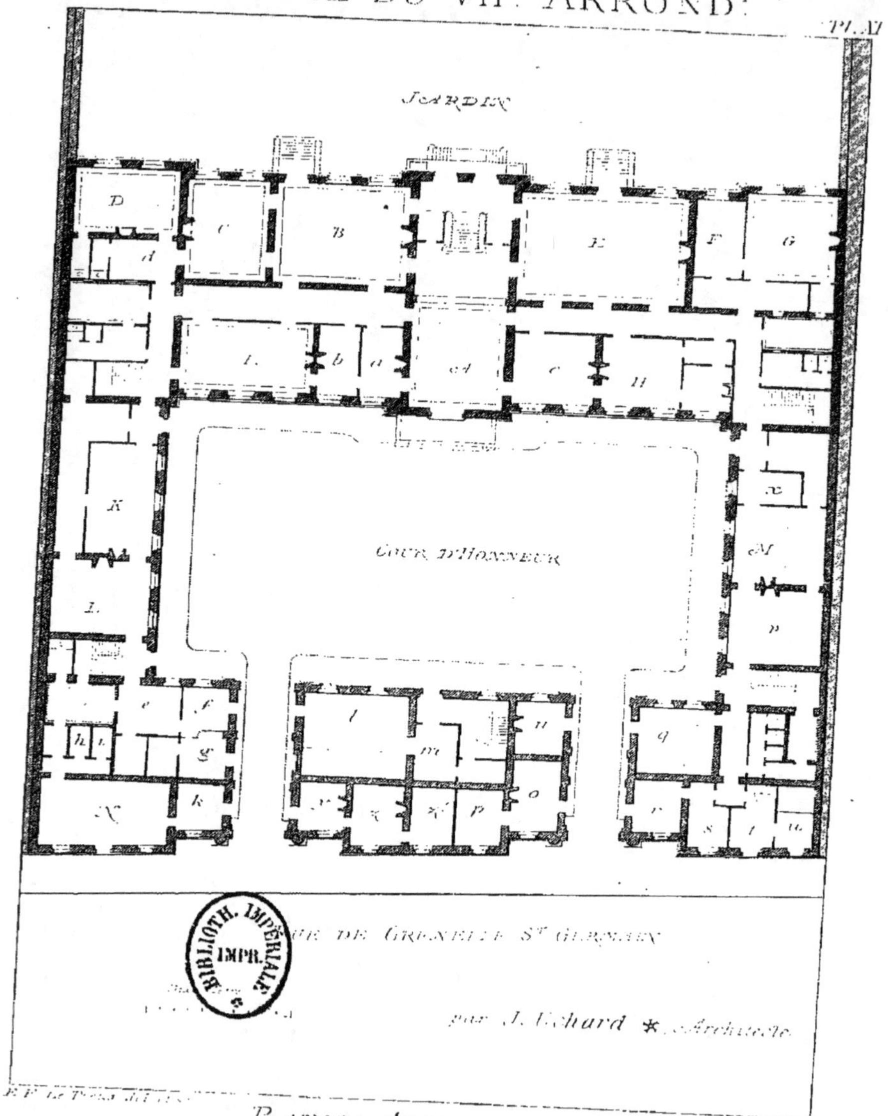
JARDIN
COUR D'HONNEUR
RUE DE GRENELLE Sᵗ GERMAIN
BIBLIOTH. IMPÉRIALE
IMPR.
par J. Échard ✳ Architecte
PARIS-e ARCHITECTE
1865

Restauration par
M. Davioud
Cinq Mètres
PARIS ARCHITECTE

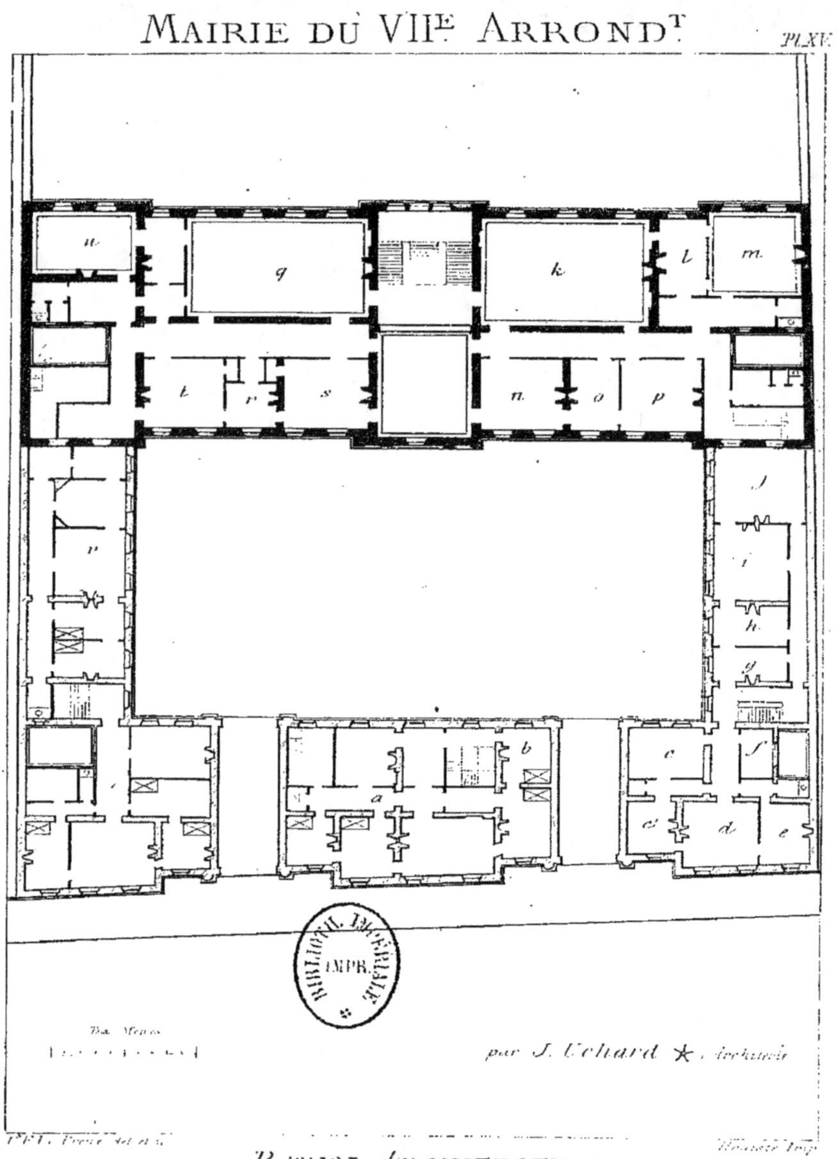

par J. Uchard ✶ Architecte

PARIS & ARCHITECTE
1865

par *Sedille* Architecte.

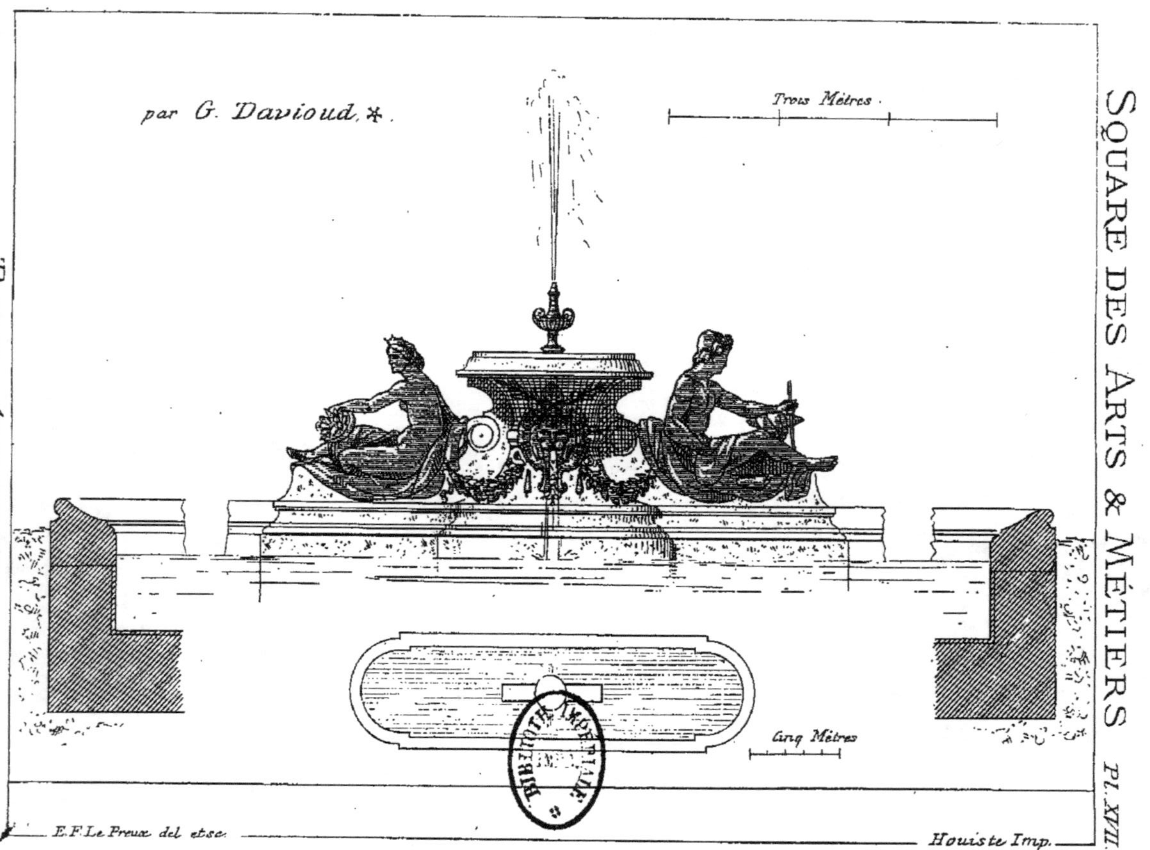

SQUARE DES ARTS & MÉTIERS
PL. XVII.
par G. Davioud. ✳
Trois Mètres
Cinq Mètres
PARIS-ARCHITECTE
1865
E. F. Le Preux del. et sc.
Houiste Imp.

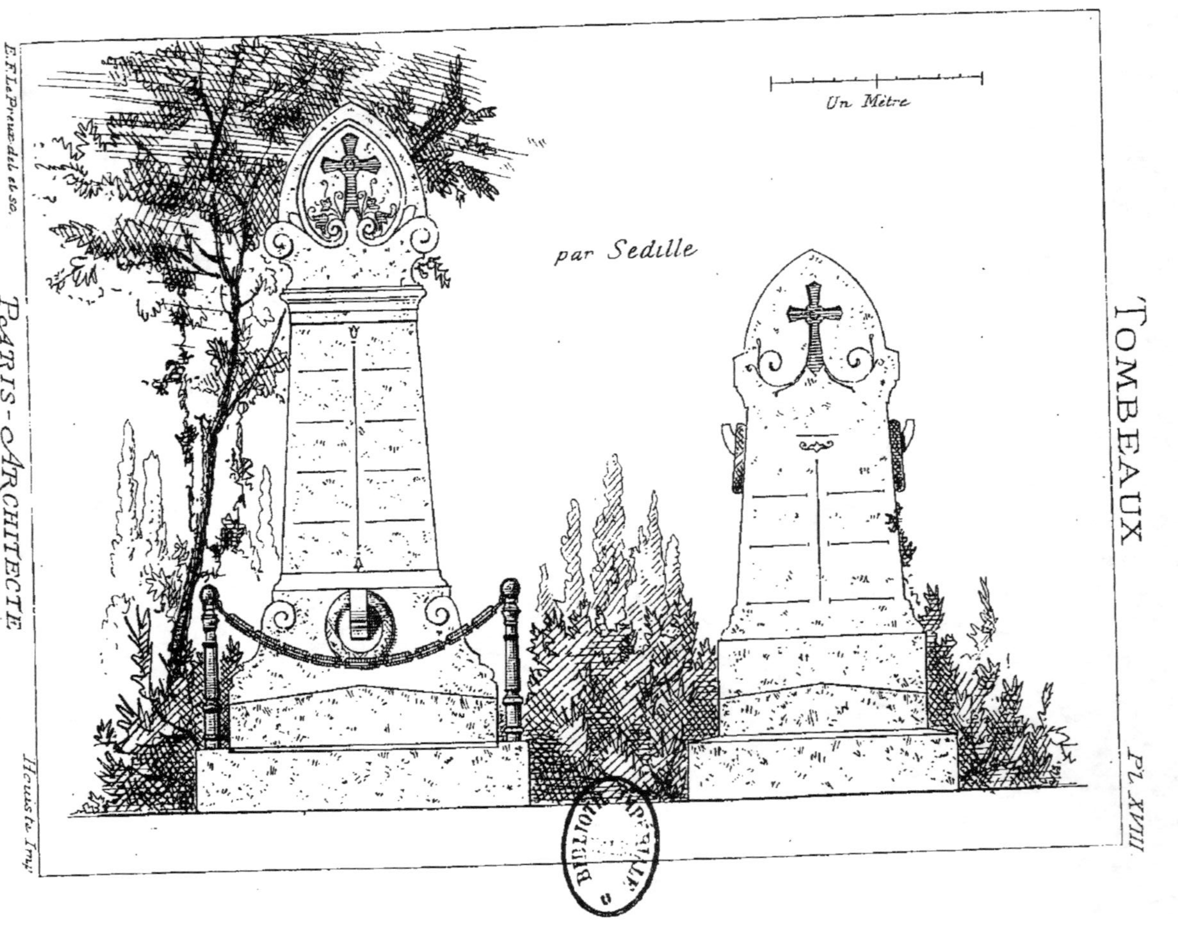
Un Mètre
par Sedille
E.F.LePreux del et sc.
PARIS-ARCHITECTE
1865
Houist. Imp.

PARIS ARCHITECTE
1865

E. P. Le Preux del. et sc.   PARIS - ARCHITECTE   Houiste imp.
1865

PARIS – ARCHITECTE
1865

PL. XVII
par feu Jules Bouchet
Arch.te du Gouv.t
E. F. Le Preux del. et sc.
Chatain Imp.
PARIS-ARCHITECTE
1865

NOUVEAU
PAVILLON DE FLORE
par H. Lefuel
O ✳
Un mètre
E. F. Le Preux del. et sc.
Chatain Imp.
PARIS-ARCHITECTE
1865

par F. Le Preux. *

E.F. Le Preux del. et sc.   Chacun. Imp.

PARIS - ARCHITECTE
1865

PARIS
ARCHITECTE

REVUE MENSUELLE ILLUSTRÉE

FONDÉE EN 1865

E.-F. LE PREUX

DIRECTEUR

Le prix de l'Abonnement annuel est, pour Paris, de 10 fr., & pour les départements de 12 fr., frais de poste en sus pour l'étranger.

RUES VANNEAU, 26, & DES POITEVINS, 3, PARIS

ÉCRIRE FRANCO

30 NOVEMBRE 1866

SOMMAIRE

TEXTE : Memento. — Explication de nos gravures.

GRAVURES : Pl. I. Palais des Tuileries, projet d'entrée *(feu Delannoy, ✳, architecte).* — Pl. II. Monument à J. Court *(Aug. Iguel, statuaire).*

Nous inaugurons aujourd'hui la seconde année de la Revue « PARIS ARCHITECTE *», que nos efforts rendront toujours digne des sympathies auxquelles souscripteurs & confrères nous ont habitué jusqu'ici.*

Signalons l'erratum suivant, qui n'existe que dans les premières éditions des textes de l'année 1865 :

Numéro d'octobre, page 40, ligne 14, au lieu de 1864, lisez 1854.

DEUXIÈME ANNÉE.   N° I.

MEMENTO

DES NOUVELLES ET FAITS ARCHITECTURAUX
A NOTER DEPUIS DÉCEMBRE 1865

Par décret rendu, le 4 août 1865, par S. M. l'Empereur Napoléon IIJ, la Société centrale des Architectes eft déclarée établissement d'utilité publique & autorisée à prendre le titre de *Société impériale & centrale des Architectes.*

— Par une lettre du 16 juillet 1866, M. le Préfet de la Seine a fait connaître à la Société impériale & centrale des Architectes que la Compagnie parisienne d'éclairage eft disposée à faire établir, à ses frais, dans l'intérieur des habitations, des colonnes montantes sur lesquelles chaque locataire. pourra prendre directement le gaz nécessaire à sa consommation.

— Deux concours sont ouverts à Niort : le 1er pour la conftruction d'un marché couvert, le 2me pour celle d'un abattoir.

L'auteur du projet classé en première ligne sera chargé de la direction des travaux & recevra 3 % d'honoraires sur le montant de la dépense, qui ne doit pas dépasser :

1° Pour le marché couvert. . . . . . . 220,000 fr.
2° Pour l'abattoir.. 150,000

Une prime de 500 fr. pour chacune des deux conftructions sera accordée à l'auteur ou aux auteurs des projets classés en seconde ligne. Ces deux concours seront clos le 1er janvier 1867.

— Le 17 août 1866, décès, à Paris, de M. Alphonse Henry Guy de Gisors, O ✳, membre de l'Inftitut, inspecteur général des bâtiments civils, architecte du Sénat. M. de Gisors était né à Paris le 3 septembre 1796.

— Grands prix d'Architecture de 1866 :

UN HOTEL POUR UN RICHE BANQUIER.

Grand prix. — Pascal (Jean-Louis), né à Paris, le 14 juin 1837, élève de M. Queftel.

1ᵉʳ *accessit.* — Batigny (Jules-Louis), né à Valenciennes (Nord), le 18 mai 1838, élève de MM. Lebas et Ginain.

2ᵉ *accessit.* — Bénard (Henri-Jean-Émile), né à Goderville (Seine-Inférieure), le 23 juin 1844, élève de M. Paccard.

— A l'Exposition d'Architecture de 1866 :

MÉDAILLES

MM. Baudry (Ambroise), Charier (Arsène), Huft (Joseph-Henry), Lameire (Charles-Joseph), Pascal (Jean-Louis), Thérin (Eugène).

— Ont été nommés dans l'ordre de la Légion d'honneur :

Grand Officier

M. Gautier (Robert-Alphonse), conseiller d'État, secrétaire général du Miniftère de la Maison de l'Empereur & des Beaux-Arts, commandeur depuis 1860.

Officier

M. Van Cléemputte, architeéte du Palais du quai d'Orsay & des archives de la Cour des Comptes, chevalier depuis 1846.

Chevaliers

MM. Lefaure, architeéte ; Ohnet, architeéte diocésain de Meaux ; Pellieux, architeéte de l'Hôtel de Ville de Paris ; Taine, professeur à l'École impériale & spéciale des Beaux-Arts.

— Voici le résultat du concours ouvert à Reims pour la conftruéon d'une salle de speéacle :

1° M. Alphonse Grosset, de Reims. . . . 12,000 fr.
2° M. Paul Gion, de Paris. 3,000
3° M. Adolphe Thièche, de Paris. . . . 1,000

Cinquante architeéte's avaient concouru.

EXPLICATION DE NOS GRAVURES

PLANCHE I
Entrée des Tuileries
PAR FEU F.-J. DE LANNOY, ✤

On lit sur le dessin original de ce projet : « *Vu & approuvé pour être élevé sur la place du Carrousel & servir d'entrée au Palais National.*

« *Le 27 messidor de l'an II de la République française, une & indivisible.*

« *Signé :* BARRÈRE, BILLAUT-VARENNE, CARNOT. »

Les pierres nécessaires à l'exécution de ce projet étaient arrivées sur place, quand une secousse politique fit interrompre les travaux & renoncer à ce monument, qui présentait les ſtatues de la Liberté & de l'Égalité, & dans les bas-reliefs, les prises de la Baſtille & du Château des Tuileries.

PLANCHE II
Monument à J. Court *
PAR AUGUSTE IGUEL, STATUAIRE.

Ce monument, élevé par souscription dans le cimetière monumental de Rouen, eſt dû à l'heureuse initiative de la *Société des amis des Arts* de cette ville.

Il fut mis au concours en mars 1866. Trente-neuf concurrents se présentèrent; quelques-uns des projets avaient des qualités remarquables, et parmi ceux-là, celui de M. Auguſte Iguel, un statuaire parisien, qui fut adopté par la Commission que présidait M. Erneſt Le Fèvre.

* *J. Court, peintre d'hiſtoire, né à Rouen le 11 septembre 1798, 1ᵉʳ grand prix de Rome (histoire) 1821, ✤ 1838, décédé à Paris le 23 janvier 1865.*

Le Directeur-Propriétaire : E.-F. LE PREUX.

Imprimerie de L. Poupart-Davyl, rue du Bac, 30

PARIS
ARCHITECTE

REVUE MENSUELLE ILLUSTRÉE

FONDÉE EN 1865

E.-F. LE PREUX

DIRECTEUR

DÉCEMBRE 1866

SOMMAIRE

Quelques mots sur un nouveau syftème

DE

CONSTRUCTIONS ÉCONOMIQUES

MON CHER MONSIEUR LE PREUX,

Vous désiriez parler aux souscripteurs à votre charmante publication d'un syftème de conftructions économiques annoncé à grand renfort d'affiches par une société coopérative ; vous défiant de la partialité que vos études sur ces queftions pourraient apporter dans votre jugement, vous me demandez quelques notes à ce sujet, les voici :

Je n'examine nullement les combinaisons financières de

cette Société & ne m'attache qu'à l'examen du type proposé :

Je suis tout d'abord frappé du mauvais goût & de la faiblesse du dessin des façades & des plans ; je remarque ensuite que les murs ne sont que de minces cloisons en briques appareillées & formant des dessins de couleurs diverses ; syſtème évidemment fort coûteux ; je ne dirai pas moins solide, puisque l'architeĉte auteur du projet fait remarquer que ces briques ne forment que des remplissages & qu'il ramène les charges des combles & des planchers sur des colonnes extérieures en fonte creuse qu'il veut utiliser pour l'écoulement des eaux pluviales.

L'auteur a-t-il réfléchi à l'effet, pendant une gelée, de ces points d'appui faciles à engorger ?

Je ne trouve rien de saillant dans les ajuſtements puérils de ces projets * dont ont parlé avec enthousiasme plusieurs journaux & nombre de personnes évidemment étrangères à la conſtruĉtion. Ces maisons coûteraient plus cher que le système le plus ordinaire & ne seraient pas aussi rationnelles.

Voici mon opinion, peut-elle vous être utile ? Si oui, publiez-la, mais ne me nommez pas ; à cette condition je vous adresserai de temps à autre, si vous le voulez bien, des aperçus critiques sur les travaux de mes confrères.

Véuillez agréer, etc.

Signé : X.

Puisque ce n'eſt qu'ainsi que nous pouvons publier les écrits d'un de nos premiers architeĉtes parisiens.

— M. Lecoq de Boisbaudran, direĉteur adjoint de l'École

---

* On trouve ces projets dans le n° 2 de la première année de la revue *Le Travail*.

spéciale de dessin & de mathématiques, vient d'en être nommé directeur en remplacement de M. Belloc, décédé.

La place de directeur adjoint eft supprimée.

NOUVEAU CIMETIÈRE DE PARIS *

Après avoir examiné, dans cet excellent ouvrage, les divers modes de sépulture des anciens, après avoir cité des exemples frappants des fléaux que peuvent occasionner les inhumations dans les cimetières voisins des habitations, M. le docteur Favrot fait connaître ainsi le projet du nouveau cimetière de Paris :

« C'eft à l'extrémité de la vallée de Montmorency que sera situé le nouveau cimetière. Là s'étend un immense plateau d'environ 1,000 hectares, dont la surface à pente douce eft en partie couverte de bois. Son point culminant, situé près de Méry, s'élève à 90 mètres au-dessus de l'Oise.

« La couche qui recouvre le sol, à base calcaire, eft un terrain sablonneux dont l'épaisseur varie de 2 mètres 50 à 10 & 12 mètres.

« Il eft situé au nord & un peu à l'ouest de Paris, entre les communes de Méry & Saint-Ouen-l'Aumône à l'oueft, Bessancourt, Frétillon à l'est, & Pierre-Laye au sud.

« Les conditions géologiques de cet emplacement sont, on le voit, bien différentes & hygiéniquement bien supérieures à celles des cimetières de la capitale.

« Il n'y a à craindre ici ni les infiltrations ni les émanations miasmatiques qui se produisent dans les terrains dont l'assise eft formée de terre glaise ou de marne comme dans les cimetières actuels.

« Suivant nous, il sera facile de rendre la couche sablonneuse éminemment conservatrice en y mêlant une certaine quantité de la couche calcaire qu'elle recouvre. Ce mélange aura pour résultat la momification sèche des corps & satisfera à toutes les exigences de l'hygiène, de la santé publique & du respect éternel que l'on doit avoir pour nos derniers reftes.

« La forme du nouveau cimetière eft à peu près celle d'un triangle

----

* *Nouveau Cimetière de Paris*, par le docteur Favrot, à la *Librairie internationale*, 15, boulevard Montmartre.

isocèle à sommet tronqué ; sa plus grande longueur eſt d'environ 3,ooo mètres & sa largeur de 2,3oo mètres.

« Les quelques accidents de terrain qu'il présente permettront d'y établir des sites variés & pittoresques qui détruiront l'uniformité & la triſtesse naturelle inhérentes à tout lieu de sépulture.

« Son élévation au-dessus de l'Oise permet de dominer à l'eſt toute la vallée de Montmorency, qui offre à la vue un paysage riant & accidenté, à l'extrémité duquel se trouve Paris. »

(La suite au prochain numéro.)

EXPLICATION DE NOS GRAVURES

PLANCHE III

Magasins réunis

PAR M. DAVIOUD, ✳, ARCHITECTE EN CHEF DU SERVICE DES PROMENADES
ET PLANTATIONS DE LA VILLE DE PARIS ET DES THÉATRES
DE LA PLACE DU CHATELET

Pavillon d'angle des immenses bâtiments des *Magasins réunis.*

Nous donnerons prochainement les motif — milieu & détails des façades.

PLANCHE IV

Exposition universelle de 1867

Galerie de l'Orfévrerie française

PAR M. ÉMILE REIBER, ARCHITECTE, FONDATEUR DE L'ART POUR TOUS

Dans une prochaine livraison, les ensembles & plans de cette galerie ; voici la notice des détails que nous publions aujourd'hui :

A. — Détail des entrées sur la face latérale.

B. — Cartouches milieux des vitrines basses.

C. — Soubassements des vitrines basses.

Le Directeur-Propriétaire : E.-F. LE PREUX.

Imprimerie de L. Poupart-Davyl, rue du Bac, 3o

PARIS
ARCHITECTE

RÉVUE MENSUELLE ILLUSTRÉE

FONDÉE EN 1865

et dirigée par

E.-F. LE PREUX

ARCHITECTE

31 JANVIER 1867

SOMMAIRE

NOUVEAU CIMETIÈRE DE PARIS

(SUITE ET FIN)

Au nord & au sud, dans une vallée, on aperçoit les deux voies ferrées du chemin de fer du Nord & la rivière sinueuse de l'Oise, qui, on le sait, eſt un canal de navigation des plus animés & des plus utiles.

Sa situation, à 22 kilomètres de la capitale, obligera l'adminiſtration à faire conſtruire un chemin de fer spécial qui, partant du cimetière du Nord (Montmartre), se ralliera d'abord au chemin de fer de Ceinture, puis, à la ſtation d'Ermont, aux chemins de fer de l'Oueſt & du Nord.

Ainsi se trouvera établi un service suffisant, non-seulement pour les convois funèbres, mais encore pour les visiteurs & tous ceux qu'un devoir religieux y appellera.

Nous croyons savoir que la gratuité générale des concessions de

terrains a résolu la plus grande des difficultés qui préoccupaient l'adminiftration municipale.

La valeur vénale de ces terrains ne s'élèvera pas, en effet, pour la
ville, à plus de 3o centimes le mètre, ce qui permettra de faire jouir la
population de tous les avantages désirables.

Il n'y aura plus de fosse commune.

A la demande des familles des décédés, un certain nombre de billets
gratuits, aller & retour, leur seront délivrés. Quant à ceux qui tien-
dront à accompagner le défunt, ils auront à payer un droit très-minime
de transport.

Cette organisation toute démocratique ne doit gêner en rien la liberté
laissée aux familles qui aimeraient mieux, malgré l'éloignement, accompagner le défunt en voiture, comme cela se fait actuellement.

Qu'on n'aille pas croire que les cimetières exiftants seront supprimés
ou aliénés ; ce seront, comme il a été dit en haut lieu, des *nécropoles
éternelles*, où les familles ayant des concessions à perpétuité continue-
ront d'en faire usage comme par le passé.

Ces champs de repos renferment les reftes sacrés des familles & des
personnages les plus célèbres de notre époque, des œuvres d'art que
tous les jours les étrangers viennent admirer. C'eft au milieu de ces
monuments & de ces reftes de nos grandes célébrités que le public vient
s'inspirer. C'eft là qu'il trouve la seule consolation possible à sa dou-
leur & que, dégagé de toutes les choses terreftres & mondaines, l'esprit
s'élève jusqu'au delà de la tombe & se croit encore au milieu de ceux
qui n'exiftent plus.

Là seront établies des chapelles mortuaires ; les cercueils y seront
conduits suivant l'usage reçu, les cérémonies religieuses de tous rites
célébrées, les regrets exprimés, les discours prononcés, puis enfin le
corps sera accompagné à sa dernière deftination.

La grande étendue du nouveau cimetière, le bas prix de l'achat du
terrain permettront :

1º D'exécuter les règlements sanitaires du décret du 23 prairial an XII,
qui exigent que chaque fosse soit diftante l'une de l'autre de 3o à
4o centimètres sur les côtés & 3o à 5o à la tête & aux pieds ;

2º De faire seulement deux sortes de concessions : les unes à perpétuité, & les autres gratuites, pour trente ans & peut-être même cinquante.

L'on ne sera donc plus exposé, à l'avenir, à rouvrir tous les cinq ans
les fosses communes & à procéder à des exhumations pénibles.

Ce qui a provoqué avec beaucoup d'à-propos & de vérité cette phrase
énergique & éloquente de M. le Préfet de la Seine :

« *Le fils ne verra plus remuer les os de son père.* »

Docteur FAVROT.

EXPLICATION DE NOS GRAVURES

—

PLANCHES V & VI
Maison à Paris

PAR M. RUPRICH-ROBERT ✻, ARCHITECTE DU GOUVERNEMENT, PROFESSEUR
DE COMPOSITION D'ORNEMENT A L'ÉCOLE IMPÉRIALE DE DESSIN

Ces deux planches représentent l'ensemble & les détails
(maçonnerie et menuiserie) de la porte d'une maison sise à
Paris, rue d'Assas.

Nous parlerons dans une prochaine livraison de la *Flore
ornementale,* un remarquable ouvrage de M. Ruprich-
Robert.

— Le motif qui se trouve dans le texte de cette livraison a
été dessiné par M. Viollet-le-Duc & gravé par M. Guillau-
mot aîné. Il représente Philippe de Valois remettant ses
armes à la Vierge dans le chœur de Notre-Dame de Paris.

Cette gravure, dont nous offrons la primeur à nos abonnés,
a été spécialement exécutée pour *Paris-Guide,* un chef-
d'œuvre d'art & de littérature que prépare la Librairie Internationale. Le texte & les illustrations seront signés par des
maîtres. Les heureux directeurs de ce gigantesque travail
sont, pour la partie littéraire, M. L. Ulbach, & pour la partie
artiftique, M. Ph. Burty.

Le 14 janvier 1867, décès, à Paris, de M. Jean-Auguste-
Dominique INGRES, peintre d'hiftoire, grand officier de la
Légion d'honneur, membre de l'Inftitut & sénateur.

Il était né à Montauban, en 1781, & obtint le prix de
Rome à vingt ans, en 1801.

Le Directeur-Propriétaire : E.-F. LE PREUX.

Imprimerie de L. Poupart-Davyl, rue du Bac, 3o

PARIS ARCHITECTE

REVUE MENSUELLE ILLUSTRÉE

FONDÉE EN 1865

et dirigée par

E.-F. LE PREUX

ARCHITECTE

28 FÉVRIER 1867

—

SOMMAIRE

—

AVIS IMPORTANT

—

Lorsqu'en 1863 je pris la direction du Moniteur des
Architectes *& tentai sottement de relever un journal
aussi discrédité, un architecte me proposa un travail
fort bien fait sur des inſtallations agricoles; le prix
élevé que demandait l'auteur de ces dessins effraya l'é-
diteur, je dus renoncer, non sans regret, à les
publier.*

*Il y a peu de temps, ce même architecte vint me pro-
poser pour* Paris Architecte *un travail sur l'Exposition*

universelle de 1867. Je l'acceptai ; je gravai moi-même les planches & préparai les textes.

Sur ces entrefaites, une réclamation m'arriva d'un exposant & me fit ouvrir les yeux ; je reconnus que ledit travail n'était qu'une de ces opérations connues sous le nom de chantage à la réclame.

Je supprimai immédiatement les livraisons commencées ; de là le retard de celle-ci refaite à nouveau.

Je saisis cette occasion de répéter que la publication de Paris Architecte *est & sera toujours complétement étrangère à tout système d'annonce & de réclame ; quand nous parlerons dans nos colonnes d'un produit, d'un système nouveaux, c'est que des expériences nous les auront fait avantageusement connaître ; de plus, cette insertion sera toujours* entièrement gratuite.

Pour répondre au désir que nous ont exprimé nombre de nos souscripteurs, nous citerons dans l'explication de nos gravures les noms des entrepreneurs qui ont exécuté les travaux que nous publions.

CONCOURS

ÉGLISE A BREST

Trois prix seront remis aux auteurs des projets désignés & classés par le Comité des Inspecteurs généraux diocésains, le premier de 3,000 fr., le second de 1,800 fr., & le troisième de 1,200 fr.

Le montant du devis ne devra pas dépasser 500,000 fr., y compris les honoraires de l'architecte & 10 % d'imprévu.

Remise du projet & devis avant le 1er mai 1867.

HÔTEL DE VILLE ET MARCHÉ COUVERT, ABATTOIR ET HALLE AU BLÉ A CONSTRUIRE A DÔLE

L'Hôtel de Ville & le Marché couvert ne devront pas coûter plus de 300,000 fr., compris honoraires de l'archite&te & travaux imprévus.

Primes accordées aux projets classés :

Une première de 3,000 fr. ou la direction des travaux;

Une seconde de 1,500 fr.;

Et une troisième de 700 fr.

**

Les frais de conftruction & d'aménagements de l'Abattoir ne pourront dépasser une somme de 150,000 fr., honoraires de l'architecte & imprévu compris.

La première prime de 1,500 fr., ou la direction des travaux.

La seconde de 800 fr.;

La troisième de 400 fr.

**

La dépense totale de la Halle au blé ne pourra être de plus de 50,000 fr., en y comprenant les honoraires d'archite&te & les travaux imprévus.

Deux primes : une première de 500 fr. ou l'exécution des travaux ; une seconde de 300 fr.

Les plans seront reçus jusqu'au 1er mai 1867 au secrétariat de la mairie de la ville de Dôle (Jura).

MONUMENT A GUIDO MONACO
Sous la protection de S. M. le roi d'Italie.

Le conseil municipal d'Arezzo a décidé, à l'unanimité des voix, que : « Un monument sera érigé à Guido « Monaco, l'inventeur des notes musicales, dans la ville

« d'Arezzo, qui a la gloire de l'avoir vu naître. A cet
« effet, on réclamera le concours non-seulement de l'Ita-
« lie, mais encore de l'Europe. »

Deux commissions, l'une artiftique, l'autre adminiftra-
tive, ont été inftituées; Rossini en a accepté la prési-
dence honoraire.

M. H. Gourdon de Genouillac, rédacteur en chef du
Monde Artifte, promoteur honoraire de l'œuvre, a été
nommé commissaire spécialement délégué par la commission d'Ancône pour provoquer & recevoir les souscriptions
à Paris.

La commission pour le monument au général de Lamo-
ricière vient d'adopter le projet présenté par M. Paul Dubois.

EXPLICATION DE NOS GRAVURES

PLANCHE VII

Porte d'Ecuries

PAR M. DESTAILLEUR, ARCHITECTE DU GOUVERNEMENT

Cette porte eft exécutée dans l'hôtel du duc de Mouchy.
La sculpture eft de M. Douïssamy.
La maçonnerie a été entreprise par M. F. Pelletier.

PLANCHE VIII

Un Meuble

PAR M. SEDILLE, ARCHITECTE

Ce meuble, en bois sculpté & doré, a coûté de sculpture
650 fr. & de dorure 350 fr. (non compris les panneaux du
fond).

Le Directeur-Propriétaire : E.-F. LE PREUX.

Imprimerie de L. Poupart-Davyl, rue du Bac, 30

PARIS
ARCHITECTE

REVUE MENSUELLE ILLUSTRÉE

FONDÉE EN 1865

et dirigée par

E.-F. Le Preux

ARCHITECTE

---

31 MARS 1867

—

SOMMAIRE

TEXTE. — Hygiène des conftructions. — Prix Achille Leclère. — Explication de nos gravures.

GRAVURES. — Pl. IX. Une table (*Sedille, architecte*). — Magasins-Réunis (*Davioud ✳, architecte*).

HYGIÈNE DES CONSTRUCTIONS

Les fièvres d'accès observées à Paris dépendent :

1° De la situation géologique de la capitale dans la vallée de la Seine ;

2° Des émanations qui se dégagent des eaux de ce fleuve & du canal de l'Ourcq, & dont l'action se fait sentir principalement au printemps & à l'automne ;

3° De la poussière provenant des démolitions du vieux Paris, car les murs, par suite de l'humidité & de leur vétufté, se recouvrent de moisissures et d'autres plantes cryptogames, c'eft-à-dire se reproduisant par des sporules.

Une des meilleures mesures prises par l'édilité parisienne & dont l'importance n'a pas été bien comprise du public au début de son application, c'eſt le regrattage des maisons, & leur badigeonnage à la chaux. Il a été conſtaté que la chaux eſt un des plus puissants moyens d'assainissement des terrains humides & paludéens, &, par conséquent, de deſtruction des miasmes. En voici une preuve sans réplique:

A l'embouchure de l'Ebre, en Espagne, une ferme de 200 heêtares, complétement inculte, & inhabitable, a été assainie depuis plusieurs années au moyen de phosphate de chaux calciné & réduit en poudre. Cette ferme était mortelle aux habitants & aux animaux. Aujourd'hui on y récolte du riz, de l'orge, du maïs, etc., pour une valeur totale de huit millions de réaux, & depuis 1858, époque où le sel de chaux a été employé, ni les hommes, ni les enfants, ni les animaux ne sont malades.

L'obligation imposée aux propriétaires de badigeonner leurs maisons à la chaux tous les dix ans eſt donc une mesure sanitaire à l'application de laquelle nous avons tout intérêt de veiller, car elle nous permet de détruire ainsi une foule de plantes microscopiques ou sporules implantées sur les murs, & elle empêche leur reproduêtion.

Docteur Favrot.

ACADÉMIE DES BEAUX-ARTS
Prix Achille Leclère

Ce prix d'architeêture a, dans la séance du 23 mars, été partagé entre:

MM. Leflou (Jules), né à Douai le 16 juillet 1843,

Et Ulmann (Samuel-Emile-James), né à Paris le 24 novembre 1844,

Tous deux élèves de MM. Lebas & Ginain.

EXPLICATION DE NOS GRAVURES

PLANCHE IX
Une Table de Salon
PAR M. SEDILLE, ARCHITECTE

Cette table en bois sculpté & doré a coûté 2,000 fr.

PLANCHE X
Magasins-Réunis
PAR M. DAVIOUD ✠, ARCHITECTE EN CHEF DU SERVICE DES PROMENADES ET
PLANTATIONS DE LA VILLE DE PARIS

Motif milieu & dans le haut de la planche, ensemble de la façade sur la place du Château-d'Eau; la maçonnerie des bâtiments a été entreprise par MM. Tanneveau & Cᵉ. La sculpture ſtatuaire eſt de M. Elias Robert, et celle décorative de MM. Biès, Delafontaine, Guinet, Darvant et Dupuy.

Dans le texte de cette livraison, la Sainte-Chapelle au XVIIIᵉ siècle, dessin de M. Viollet-le-Duc, gravure de Guillau jmoteune.

(Tiré de *Paris-Guide.*)

— Le 25 mars 1867, décès à Paris de M. Jacques Ignace HITTORFF, architecte, né à Cologne en 1792, inspecteur des bâtiments royaux de France en 1814, chevalier de la Légion d'honneur en 1825, officier, membre de l'Académie des Beaux-Arts en 1853.

Le Directeur-Propriétaire : E.-F. LE PREUX.

Paris. — Jmprimerie L. Poupart Davyl, rue du Bac, 30.

PARIS
ARCHITECTE

REVUE MENSUELLE ILLUSTRÉE

FONDÉE EN 1865

et dirigée par

E.-F. LE PREUX

ARCHITECTE

---

30 AVRIL 1867

—

SOMMAIRE

CONCOURS

—

Le Gouvernement général de l'Algérie ouvre un concours
pour la conſtruction d'un palais de juſtice à Alger.

Le premier projet recevra un prix de 6,000 fr. & pourra,
en outre, être chargé de la conſtruction de l'édifice. Cependant
l'adminiſtration se réserve à cet égard toute liberté d'action.

Le n° 2 obtiendra un prix de 4,000 fr.

Les dépenses, en les établissant suivant les prix courants
de l'Algérie, ne devront pas dépasser une somme de
1,800,000 fr.

DEUXIÈME ANNÉE.   N° 6.

·Les projets devront parvenir le 15 novembre 1867, au plus tard, au Gouverneur général de l'Algérie.

EXPLICATION DE NOS GRAVURES

PLANCHE XI

Un Frontispice

COMPOSITION PAR E.-F. LE PREUX

Nous publierons successivement plusieurs monuments d'Espagne auxquels nous avons emprunté les motifs qui composent ce frontispice ; ces monuments sont peu connus, pour ne pas dire ignorés, des architectes français.

L'arc Sainte-Marie, que nous donnons aujourd'hui, a seul été publié en France, mais d'une manière fort inexacte ; notre gravure le prouvera surabondamment.

Ces diverses gravures sont faites d'après des réductions mathématiques de photographies exécutées en Espagne, par M. Muriel *.

Voici quelques notes sur les motifs saillants de ce frontispice : '

Le pilaftre supportant un lion eft un des piédeftaux qui entourent l'Université ainsi que la cathédrale de Valladolid.

La colonne qui lui fait pendant eft inspirée de celles de la façade du couvent Santa Maria de Valladolid.

Les baluftres à double panse exiftent sur la façade de l'Université, les autres sur celle de l'Arc Sainte-Marie.

San Iago, san Iago eft le cri de guerre de l'Espagne ; cette devise : *Nec plus ultrà* était celle de Charles Quint.

* M. Muriel. — Photographie des trois Empereurs, rue de Rivoli, à Paris.

PLANCHE XII
Arc Sainte-Marie
(A BURGOS)

L'Arc, ou porte triomphale, de Sainte-Marie eſt un des monuments les plus remarquables de l'ancienne capitale de la Caſtille.

Il eſt situé en face l'un des quatre ponts jetés sur l'Arlanzon, non loin de la cathédrale & près l'hôtel du Gouvernement.

A la place qu'il occupe aujourd'hui, il en exiſtait jadis un autre, dont la conſtruction remontait aux Romains. Ce fut sur les anciennes fondations de cet arc, depuis longtemps tombé en ruines, que celui de Sainte-Marie fut élevé en l'honneur de l'empereur Charles Quint, alors que toute l'Espagne était pleine du nom de ce potentat magnifique, dont le bruit des victoires retentissait de l'extrêmité de l'ancien monde au fond des solitudes américaines et dont le sceptre s'étendait sur l'Autriche, les Pays-Bas, la Sicile & les Indes.

Ce monument, d'un aspect sévère, fut édifié dans le ſtyle de la Renaissance; il offre toutefois quelques réminiscences du ſtyle gothique, deſtinées certainement à conserver une certaine symétrie avec la porte opposée du côté de la ville & qui eſt entièrement gothique.

La façade eſt flanquée de deux grosses tours à créneaux pommetés; & quatre tourelles également crénelées, prenant naissance vers le haut de l'édifice, en couronnent le sommet.

La porte un peu basse, accompagnée de deux médaillons sculptés, eſt surmontée de deux rangées de ſtatues placées trois par trois dans des niches.

Celle de Charles Quint tient la place d'honneur; à gauche eſt celle du Cid, le héros Caſtillan; à droite celle du comte Fernand Gonzalès.

Sur le second rang ſe trouve au centre la ſtatue de don

Diego Porcello, accompagnée à gauche de celle de Nuno Ra-
sura, gouverneur de Burgos au VII⁰ siècle, & à droite de celle
de Lain Calvo, grand juge de Caſtille.

Quoiqu'un peu courtes & trapues, ces ſtatues ont un ca-
raĉtère de force & de puissance qui frappe le regard & rachète
amplement leur manque de sveltesse; des inscriptions latines
se lisent au bas de chacune d'elles.

Au-dessus des ſtatues principales règne une sorte de galerie reliant deux minces colonnes sur lesquelles se trouvent
posées deux autres ſtatues d'hommes d'armes. Sous le large
porche abritant cette galerie, on voit dans une niche un ange
gardien tenant l'épée nue à la main; les motifs d'ornementation de cette niche sont entièrement gothiques.

Enfin, au sommet de cette façade & dans une autre niche
surmontée de la croix, un groupe nous montre la Vierge cou-
ronnée & tenant l'enfant Jésus dans ses bras.

Cette composition très-simple & empreinte de la naïveté
particulière aux artiſtes de l'époque complète très-heureuse-
ment la décoration de cette porte, un peu massive peut-être
dans son ensemble, ce qui n'eſt pas un défaut dans un monument qui doit forcément allier la solidité à la magnificence.

Tous les étrangers qui visitent Burgos ne manquent jamais,
après avoir été admirer les magnificences de la cathédrale,
d'examiner attentivement la porte triomphale de Sainte-Marie,
dont les ornements très-bien conservés & les détails attirent
l'attention, sollicitée si souvent en Espagne par le nombre
considérable de monuments de tous les ſtyles & de tous les
âges.

H. Gourdon de Genouillac.

Le Direĉteur-Propriétaire : E. F. Le Preux.

Imprimerie de L. Poupart-Davyl, rue du Bac, 30

PARIS ARCHITECTE

REVUE MENSUELLE ILLUSTRÉE
FONDÉE EN 1865
et dirigée par

E.-F. LE PREUX

ARCHITECTE

---

31 MAI 1867

SOMMAIRE

TEXTE. — Le beau Paris de M. Haussmann. — Explication de nos gravures.

GRAVURES : Pl. XIII. Université de Valladolid. — Pl. XIV. Exposition universelle de 1867 (*Émile Reiber, architecte*).

LE BEAU PARIS DE M. HAUSSMANN *

TIRÉ DE

Mes Conférences au Café de Madrid

.... Voyons maintenant les moyens & les fins du Paris de M. Haussmann.

Le but principal le voici : . . . .

. . . .

* Beaucoup d'architectes ont-ils lu cette boutade? je ne le pense pas, & sans aucun commentaire je reproduis les passages qui peuvent les intéresser.

Comme moi, sans doute, ils diront : *C'est raide.*

DEUXIÈME ANNÉE.   N° 7.

Ce que l'on appelle *Embellissement, Assainissement*, eſt évidemment chose accessoire, M. Haussmann lui-même en convient. On n'assainit pas une ville en la privant de ses arbres, de ses jardins, de ses plantations. La plante, le gazon, la fleur, la verdure sont aussi indispensables à l'homme que l'air même. Tout air non imprégné, non saturé d'émanations végétales eſt malsain, à plus forte raison un air tourbillonnant dans la poussière ou barbotant dans la mare du macadam. Il faut être dupe ou dupeur pour prétendre que Paris eſt assaini parce que les rues en sont plus larges, parce qu'il y a quelques squares de poche dont les arbres, dès le mois de juin, grisonnent de poussière, quand les trois quarts des appartements des plus belles maisons n'ont plus ni cour, ni jardin, ni air, ni lumière. On n'assainit pas une ville de trente-cinq kilomètres de circonférence en y élevant des montagnes à pic, sous forme de maisons, de vingt à vingt-cinq mètres de hauteur, interceptant l'air, le ciel, le soleil, la lune & les étoiles. Je défie M. Haussmann de trouver dans toute la Suisse une montagne perpendiculaire de sept étages de hauteur. Le grand architeĉte de l'univers, qui cependant n'a pas de conseil municipal, conſtruit la montagne large par la base. A mesure que l'édifice monte il s'amincit & devient un cône. Là où la montagne eſt à pic, c'eſt par accident, jamais d'origine. Autrement nul mortel ne respirerait ni ne verrait le soleil dans les vallées. Les maisons de Paris, au contraire, sauf le dernier étage, sont toutes à pic. Oser dire que cela eſt profitable à la santé des habitants, il faut être frappé d'insanité spirituelle!

(La suite au prochain numéro.)

— Dans un prochain numéro, nous publierons le plan &
divers détails du nouveau théâtre du Vaudeville que M. Magne édifie à Paris, à l'angle du boulevard & de la rue de la
Chaussée-d'Antin.

EXPLICATION DE NOS GRAVURES

PLANCHE XIII
Université de Valladolid

Ce fut le cardinal Ximenès qui, en 1471, fonda à Valladolid une université dont le renom fut bientôt fameux dans
toutes les Espagnes ; sa bibliothèque, richissime en livres de
théologie, ne le fut pas moins en ouvrages de droit, objet principal des études de cette université.

En 1772, les étudiants portaient encore un coftume spécial
qui était celui des écoliers de Salamanque. Dix ans plus tard,
le nombre des étudiants s'élevait à deux mille.

De nos jours ce chiffre eft à peu près le même.

Les bâtiments de l'Université sont remarquables ; inspirés
de l'architecture antique romaine, certaines modifications de
détails, particulières à l'art espagnol en font une œuvre propre ayant son caractère typique.

Comme dans toutes ses merveilleuses productions, l'Espagne a prodigué dans les ftatues & dans la partie décorative
l'exubérance de la richesse & du mouvement.

Un détail eft remarquable : au-dessus de chacune des colonnes composites engagées, l'entablement ressaute circu-
lairement.

La façade que nous donnons, bien que fort simple d'ajus-
tement, produit un grand effet par la grâce & les parfaites
proportions de son ensemble.

Autour du monument, on remarque des piédeftaux qui sont composés de colonnes & de pilaftres toscans accouplés & qui supportent des lions tenant dans leurs griffes un écu armorié.

L'Université de Valladolid passe avec raison pour un des monuments curieux de cette ville où mourut Chriftophe Colomb & à laquelle Philippe II donna le titre de cité.

H. Gourdon de Genouillac.

PLANCHE XIV

Exposition universelle de 1867

GALERIE DE L'ORFÉVRERIE FRANÇAISE, PAR ÉMILE REIBER, ARCHITECTE,
FONDATEUR DE L'ART POUR TOUS

Cette planche complète les détails déjà donnés dans notre livraison de décembre 1866;

D. Soubassement des entrées sur la face latérale

E. Ensemble d'une entrée latérale & vitrine.

F. Portes principales.

Nous ne pouvons, à notre grand regret, donner certaines études de prix & d'inftallation sur ces vitrines, cette remarquable composition n'a pas été complétement exécutée; le temps seul a manqué.

De l'Exposition universelle nous donnerons encore le pavillon de repos de S. M. l'Impératrice; cette conftruction fait honneur au talent & au goût de M. René Demimuid, architecte.

Le Directeur-Propriétaire : E.-F. Le Preux.

Imprimerie de L. Poupart Davyl, rue du Bac, 3o.

PARIS
ARCHITECTE

REVUE MENSUELLE ILLUSTRÉE

FONDÉE EN 1865

et dirigée par

E.-F. LE PREUX

ARCHITECTE

30 JUIN 1867

—

SOMMAIRE

LE BEAU PARIS DE M. HAUSSMANN

(SUITE)

Jusqu'à ce jour l'architecture n'a connu que la forme carrée, ronde, à pans coupés, en ellipse ou en croix. Jamais architecte n'a conftruit une maison en forme de tranche de galette, à moins que cette maison ne fût un fort, pour prendre l'ennemi en écharpe. Certes, ce ne fut pas là l'intention de M. Haussmann, mais les choses humaines sont plus logiques qu'on ne le pense. Paris n'étant plus qu'. . . . . ses maisons, bon gré, mal gré, sont des redoutes & des bastions. Dire que cela doit être ainsi, c'eft dire une banalité, mais appeler cela embellissement, c'eft profaner le beau. Cela, dira-t-on, ne pouvait pas être autrement. D'accord ! il eft rationnellement impossible que la société française actuelle produise soit un poëte, soit un musicien, soit un homme d'État, soit un sculpteur, soit un architecte.

Avant d'être une grande spécialité, il faut être un homme, & pour être un homme il faut avoir des principes de raison & de logique à la portée de tous. De même que pour grandir, il faut au corps des aliments nutritifs, de même les esprits pour s'élever ont besoin d'une nourriture subftantielle & fortifiante. Cette nourriture n'eft autre que les pensées fortes & grandes des grands & forts penseurs de l'humanité, qui tous sont philosophes avant d'être poëtes, musiciens, sculpteurs, peintres, hommes d'État, laboureurs, architectes, induftriels & militaires.

Il n'y a que d'ignares cuiftres qui puissent vouloir nous faire accroire que la science de la logique & de la raison métaphysique soit superflue pour les arts & l'induftrie. Quiconque pense de travers à l'égard des lois de Dieu ne fera jamais rien de droit, de jufte, ni de beau. L'architecte qui a conftruit le Grand-Hôtel, ce monftre à la fois triangulaire, rond, obtus, carré, à pan coupé & conique, sans poumons & sans poitrine, mériterait que son nom & son adresse fussent accolés à l'édifice, afin que nul autre ne fût tenté de lui confier sa maison. Celui qui a conftruit l'Opéra doit être le plus déteftable des penseurs, rien que pour avoir accepté l'emplacement étranglé sans ligne droite ni courbe. De loin, l'Opéra a l'air d'un blokhaus, de près c'eft littéralement un étron de pierre tombé du ciel dans un carrefour. Il eft partout de guingois, partout il vous pèse, il vous barre le passage; d'ailleurs sans proportion, sans jour & sans santé. On fera, je le sais, des merveilles à l'intérieur; on l'habillera, on le doublera de marbre, d'ivoire, de pourpre, voire même de soie, de dentelles & de galons ; en vain ! Il a une mauvaise conſtitution, il sera & reſtera bancal, bossu & boiteux. Les autres édifices élevés à Paris sont à l'avenant : les théâtres, — des greniers à fourrages; les Beaux-Arts, — une douane; la fontaine Saint-Michel, — un mausolée; le Tribunal de commerce, — un champignon; la gare du Nord, — un catafalque ! Seules les casernes sont belles ; celle de la Cité eſt plus belle & plus forte qùe l'ancienne Bastille; celle de la place du Carrousel sera un petit bijou, un amour de caserne.

(La suite à un prochain numéro).

EXPOSITION UNIVERSELLE DE 1867

Voulez-vous que nous passions sous silence cette exposition ?

J'admets bien avec vous que c'eſt une belle fête industrielle, que les richesses qui sont entassées au Champ de Mars méritent l'attention, l'admiration, mais l'*art* s'y manifeſte-t-il. Non ?

Cela ressemble à un bazar; bientôt, ce ne sera plus qu'une foire.

CONCOURS

Un concours eſt ouvert au Pérou pour la conſtruction d'un monument à élever en souvenir d'une victoire.

1er Prix. — Exécution du monument évalué à 200,000 fr.
2e Prix, 3,000 fr.
3e Prix, 2,000 fr.

Pour les renseignements de ce concours, s'adresser à M. Llona, rue Saint-Lazare, 103, à Paris.

EXPLICATION DE NOS GRAVURES

PLANCHE XV

Un Veſtibule

PAR M. RUPRICH-ROBERT ✳, ARCHITECTE DU GOUVERNEMENT, PROFESSEUR DE COMPOSITION D'ORNEMENT A L'ÉCOLE IMPÉRIALE DE DESSIN

Ce veſtibule eſt celui de la maison dont nous avons donné la porte dans notre numéro de janvier 1867. Dans un prochain numéro nous donnerons les détails en grand des décorations avec l'indication des couleurs.

PLANCHE XVI

Magasins-Réunis

PAR M. DAVIOUD ✳, ARCHITECTE EN CHEF DU SERVICE DES PROMENADES ET PLANTATIONS DE LA VILLE DE PARIS.

Lucarne des combles (façade sur la place du Château-d'Eau.)

— Le 12 juin 1867. Décès à Paris de M. Louis-Hippolyte Le Bas, architecte, né à Paris en 1782, membre de l'Inſtitut en 1825, officier de la Légion d'honneur en 1847.

Parmi ses principaux travaux, nous citerons l'église Notre-Dame-de-Lorette & la prison des jeunes détenus, toutes deux conſtruites à Paris.

Le Dire{c}teur-Propriétaire : E.-F. LE PREUX.

Imprimerie de L. Poupart-Davyl, rue du Bac, 30.

PARIS
ARCHITECTE

REVUE MENSUELLE ILLUSTRÉE
FONDÉE EN 1865
et dirigée par

.E.-F. LE PREUX
ARCHITECTE

31 JUILLET 1867

SOMMAIRE

L'ORGUE GAVIOLI

Nous recommandons cet inftrument à nos confrères qui
auraient besoin d'un orgue bon & à bon marché pour de
petites chapelles.

Le son eft beau & puissant, l'orgue ne prend que la place
d'un petit meuble; de plus, pour les paroisses pauvres qui
n'ont pas d'organifte, un ou plusieurs cylindres permettent
de jouer toute musique d'église sans connaissance musicale
aucune.

Nous possédons dans nos bureaux un de ces inftruments
& nous donnerons à nos abonnés tous renseignements &
toutes explications dont ils auraient besoin.

Porte principale

EXPLICATION DE NOS GRAVURES

—

PLANCHE XVII
Nouveau Théâtre du Vaudeville

PAR MAGNE, ✻, ARCHITECTE, INSPECTEUR-VOYER DIVISIONNAIRE DE LA VILLE DE PARIS

Parmi les principaux travaux de cet habile & savant architecte, nous citerons : l'église Saint-Bernard, à Paris, les reftaurations de l'hôtel de ville d'Étampes, des châteaux de Ronville, de Rocheplatte, etc.

Aujourd'hui, M. Magne édifie le théâtre du Vaudeville, dont nous donnons ici la façade & divers détails.

Mieux inspiré que certains architectes, peut-être trop épris du clinquant, M. Magne a su produire un excellent effet avec des motifs simples & grands.

Ces croquis nous ont été communiqués & ont été dessinés par M. E.-F. Le Preux, architecte, directeur d'une revue très-eftimée : *PARIS ARCHITECTE.*

Les cariatides sont de M. Salmson & les groupes d'enfants de M. Hébert. *(Album autographique.)*

PLANCHE XVIII
Une Cheminée

PAR E.-F. LE PREUX

Cette cheminée en pierre a été exécutée dans une salle à manger de la propriété de l'Orme-au-Chat, située près de Corbeil, & appartenant à M. P. d'A...

Dans la partie du haut sont placés deux émaux & un bas-relief dû à M. N. Cotte, un maître ftatuaire.

Le Directeur-Propriétaire : E.-F. LE PREUX.

Imprimerie de L. Poupart-Davyl, rue du Bac, 30

Avant-projet du couronnement de la façade

PARIS ARCHITECTE

REVUE MENSUELLE ILLUSTRÉE
FONDÉE EN 1865
et dirigée par

E.-F. Le Preux

ARCHITECTE

---

31 AOUT 1867

SOMMAIRE

LE BEAU PARIS DE M. HAUSSMANN

(SUITE)

Nulle part une idée simple & élevée que l'esprit peut embrasser du coup. Le nouveau Louvre — un roman d'Alexandre Dumas en trente-deux volumes; l'étendue tient lieu de grandeur, l'épaisseur d'élévation; jamais la quantité ne remplacera la qualité. Tout chef-d'œuvre se mesure d'un seul regard spirituel; consultez *Phèdre, Andromaque, Tartufe, le Misanthrope,* une ligne vous initiera. Qu'eſt-ce que le vieux Louvre? Un regard de bas en haut vous le dira. Allez donc vers le cré-

puscule voir la face de la *Madeleine*, vous tressauterez de
terreur divine. Allez voir le *Panthéon*, vous vous sentez
grandir, vous touchez le ciel de vos bras! Allez dans un ha-
meau & voyez comment un maçon de bon sens élève une
maison pour une nombreuse famille à son aise; de vaftes
pièces carrées, se suivant les unes les autres, partout de l'air
& du jour; deux étages & une mansarde en retraite, pas de
couloirs pour les amants & les femmes de chambre, pas de
tricherie de coins, pas de galettes; tout eft simple comme la
santé, tout eft droit comme la vertu; une cave bien aérée, une
cuisine large & carrée, tout à l'avenant!

Entrez dans une belle maison moderne de Paris : pas de
cour, ou bien une cour avec un jour jaune de souffrance, on
dirait le jour qui craint le jour! Un escalier avec des clair-
obscurs, des antichambres borgnes ou aveugles, des salons
heptagones, grands comme le cabinet de ma grand'mère, des
salles à manger rêvées par Harpagon. Tout cela eft bourré
de meubles, de soie, de velours & de crépines plus inutiles,
plus laids les uns que les autres, jonchés à profusion dans
des salles basses & faits, dirait-on, pour intercepter le peu
d'air qui refte; véritables cénotaphes égyptiens emboités les
uns dans les autres, à condition toutefois que les hommes y
meurent debout! Et cela s'appelle Embellissement, Assainissement; le vrai mot eft : Rétrécissement, Rapetissement,
Ramollissement!

Paris comme il pourrait être, comme il faudrait qu'il fût.

Cela eft impossible autrement, me dira-t-on, pour une ville
de deux millions d'âmes circonscrite dans certaines limites.
Voyons si cela eft vrai.

Tacite dit que les inftitutions tombent par les mêmes éléments qui les ont élevées. Il ajoute que parfois le contraire arrive également ; vérité banale, mais vérité. *C'eft le chemin de fer qui a rendu le vieux Paris impossible, qui l'a tué. C'eft par le chemin de fer seul qu'il peut être renouvelé, rajeuni, embelli & assaini.* Sans chemin de fer, on bouleverserait, on démolirait, on reconftruirait Paris pendant trois siècles encore, ce ne sera jamais qu'une agglutination de maisons, qu'une agglomération d'humains se saumâtrant les uns les autres comme des harengs dans une caque.

Que fallait-il faire pour cela?

Annoncer que le vieux Paris sera démoli dans dix ans & exproprié, non au taux d'une maison à reconftruire, mais à raison de 5 p. 100 de son rapport au moment de la démolition.

(La suite au prochain numéro.)

13 août 1867.

GRAND PRIX DE 1867.

ARCHITECTURE.

Grand Prix. — M. Benard (Henri-Jean-Émile), né à Goderville (Seine-Inférieure), le 23 juin 1844, élève de M. Paccard.

1er *Accessit.* — Mayeux (Pierre-Henri), né à Paris, le 12 juillet 1845, élève de MM. Paccard & Guenepin.

2e *Accessit.* — Robin (Prosper-Etienne), né à Montigny (Pas-de-Calais), le 11 janvier 1844, élève de M. Paccard.

LE NOUVEL OPÉRA

« En résumé, le nouvel Opéra n'eft ni un chef-d'œuvre comme le proclament ses panégyriftes, ni une rapsodie de pierre & de bronze comme des détracteurs le répètent. C'eſt un édifice compliqué, savant, ingénieux, d'une originalité douteuse, d'un goût inégal, manquant la grandeur pour trop viser à l'effet, & dont les hardiesses laborieuses sont plus calculées qu'inspirées. »

PAUL DE SAINT-VICTOR.

SALON DE 1867.

SECTION D'ARCHITECTURE
Médailles.

MM. *Baraban* (Victor-Louis), *Batigny* (Jules-Louis), *Bourgeois* (Auguſte), *Calla* (Louis-Marie-Pierre-François), *Hédin* (Amédée), *Rohault de Fleury* (Georges).

EXPLICATION DE NOS GRAVURES

PLANCHE XIX
Un Cadre

PAR ÉMILE REIBER, ARCHITECTE, FONDATEUR DE L'ART POUR TOUS

Ce modèle de cadre, deſtiné à recevoir une série de portraits, a du être composé suivant diverses exigences de ſtyle.

PLANCHE XX
Une Tourelle

Souvenir du Paris démoli.

Album de M. M...

Le Directeur-Propriétaire : E.-F. LE PREUX.

Imprimerie de L. Poupart-Davyl, rue du Bac, 30.

PARIS ARCHITECTE

REVUE MENSUELLE ILLUSTRÉE
·FONDÉE EN 1865
et dirigée par

E.-F. LE PREUX

ARCHITECTE

3o SEPTEMBRE 1867

SOMMAIRE

LE BEAU PARIS DE M. HAUSSMANN

(SUITE ET FIN)

Faire & laisser élever de nouvelles villes au nord, à l'eft, à l'oueft, au midi de Paris sous les conditions que voici :

Des rues larges pour y faire circuler des locomotives sur les deux bords.

Des maisons vaftes, pas plus hautes que trois étages.

Nulle pièce sans trois mètres cinquante de hauteur ni quatre mètre carrés. Avec des chemins de fer, une ville peut s'étendre à l'infini.

Ces villes bâties en dedans & dehors de fortifications, on pouvait démolir tout le vieux Paris & diviser les nouvelles conftructions en zones séparées les unes des autres, non par des squares lilliputiens, mais par des bosquets de hêtres, de chênes & de pins d'un kilomètre carré d'étendue.

Il n'eft point nécessaire qu'un chemin de fer aille vite dans une ville de deux millions d'âmes. Il suffit que tout habitant soit sûr de rentrer chez lui n'importe à quelle heure & par quel temps; mes chemins de fer fonctionneraient même la nuit. Il y aurait beaucoup moins de danger de traverser les Champs-Élysées & les boulevards sillonnés par des locomotives montant & descendant au pas tous les quarts d'heure que de se croiser à toute minute avec cinquante voitures allant dans tous les sens.

ALEXANDRE WEILL

EXPLICATION DE NOS GRAVURES

PLANCHES XXI ET XXII
Écuries
PAR E.-F. LE PREUX, ARCHITECTE

Bien des modèles de dispositions d'écuries exiftent; mais jusqu'à ce jour, aucune règle n'a été tracée qui donnât leurs juftes rapports.

C'eft ce travail que j'ai tenté, les dimensions que je vais donner & que j'ai fait exécuter, sont celles qui, adaptées aux ftalles, peuvent convenir à des chevaux grands ou petits; j'ai étudié toutes les écuries renommées, j'ai mesuré toutes leurs parties & c'eſt après les avoir modifiées, perfectionnées suivant les données de l'expérience & d'un service confortable que je formule les principes suivants :

1° *Dimensions des ſtalles*

Largeur d'une ſtalle entre les montants 1ᵐ90. Profondeur 3,00. Devant les ſtalles un passage de 1,96 eſt bien; 1,56 suffisent pour se garer des coups de pied des chevaux; le ruisseau à 0,40 des montants des ſtalles (Voyez la planche XXI).

— Pour former un box à deux fins, où l'on tiendra le cheval soit attaché, soit en liberté, une largeur de ſtalle de 2,00 eſt suffisante; pour un box complet, 2,50 sur toutes faces; ces dernières mesures sont préférables cependant quand on peut les augmenter.

2° *Hauteur des écuries*

Il faut, autant que possible, éviter de donner moins de 3,50 de hauteur à une écurie.

3° *Bois des ſtalles*

Les dimensions, épaisseurs des bois sont indiquées sur nos gravures, la disposition horizontale des planches de remplissage n'eſt pas indifférente; lorsqu'elles sont ainsi placées, le coup de pied du cheval glisse sur elles & ne hache pas leurs arêtes.

4° *Pavage des ſtalles*

Pour que le cheval ne se fatigue pas en sentant le pavé sous son pied, il serait bon de former l'aire d'une ſtalle avec des gravats pilonnés d'une épaisseur de 0,40. Mais comme il faut un pavage pour les urines, voici la meilleure disposition à adopter :

On pavera la ſtalle en pavés de grès jointoyés en bitume; on réservera sous les pieds de devant du cheval un espace dont les dimensions & les dispositions se trouvent sur le petit plan de la planche XXI, puis on le remplira d'une couche de gravats pilonnés d'une épaisseur de 0,40.

5° Ratelier & Auge

On devrait absolument proscrire des écuries les rateliers en corbeille, les chevaux s'y heurtent la tête & s'y blessent souvent.

Il faut un ratelier, en fer, à barreaux de 0,02 de diamètre; les barreaux espacés de 0,14 pour le foin, & de 0,18 pour la paille *(mesures prises intérieurement);* un tiers de la longueur du ratelier doit être réservé au foin & se trouver à gauche

Comme on le voit, planche XXII, où l'on trouve les mesures & les détails du ratelier & de l'auge, une diſtance exiſte entre le mur & la partie poſtérieure de l'auge; elle eſt deſtinée à laisser tomber la poussière & les détritus des fourrages placés dans le ratelier.

L'auge doit être bordée en zinc, les chevaux rongeant le bois qui eſt à leur portée.

Dans une écurie où se trouvent plusieurs chevaux, on pratique dans les ſtalles le jour garni de barreaux qui se trouve au-dessus de l'auge, il eſt deſtiné à diſtraire le cheval qui voit par là les chevaux voisins; c'eſt aussi un moyen de surveillance pour le garçon d'écurie occupé dans les ſtalles.

J'ai donné, planche XXII, deux modèles de ſtalles suivant les formes généralement adoptées; je les ai proportionnées aux mesures que j'indique & qui reconnues exaſtes par les architeſtes, formeront une règle presque invariable.

E.-F. lE PREUX.

Le Direſteur-Propriétaire : E.-F. LE PREUX.

Imprimerie de L. Poupart-Davyl, rue du Bac, 30.

PARIS
ARCHITECTE

REVUE MENSUELLE ILLUSTRÉE

FONDÉE EN 1865

et dirigée par

E.-F. LE PREUX

ARCHITECTE

---

31 OCTOBRE 1867

—

SOMMAIRE

Ce numéro eſt le dernier de la seconde année de ma publication ; nos premiers architeƈtes ont bien voulu lui faire un accueil trop flatteur pour que je ne leur adresse ici tous mes remerciements & ne les assure du soin que je mettrai à confirmer la devise de *Paris Architeƈte : Faire mieux.*

AVIS IMPORTANT

Pour éviter les pertes d'argent considérables que j'ai éprouvées ces deux premières années, pour éviter aussi les abus commis par plusieurs de mes anciens courtiers & commis, j'ai l'honneur de prévenir les souscripteurs à cette publication que tout abonnement *non payé d'avance* ne sera pas servi & que je ne reconnaîtrai comme valablés que les quittances à souche de la revue *Paris Architecte*, revêtues de ma signature.

EXPLICATION DE NOS GRAVURES

—

PLANCHE XXIII

CROQUIS PAR ÉMILE REIBER, FONDATEUR DE L'ART POUR TOUS

Croquis de divers modèles de pieds pour compositions d'orfévrerie.

PLANCHE XXIV

Façade d'Hôtel

CROQUIS PAR M...

Un des emprunts que nous ferons aux albums de nos maîtres architectes : la mine est riche & curieuse.

Comme on peut le remarquer, nous ne donnons aucune note sur l'origine & sur les auteurs des croquis que noùs publions.

C'est que l'artiste qui ne destine pas à la publicité la page de son album, interprète à son gré, accommode à son goût le motif qu'il dessine.

Ces croquis sont des renseignements, des souvenirs que pour lui seul l'artiste a rassemblés : nous les offrons à tous.

Le Directeur-Propriétaire : E.-F. LE PREUX.

PARIS ARCHITECTE

REVUE MENSUELLE ILLUSTRÉE

Table des Matières de la seconde année

1866-1867

Imprimerie de L. Poupart-Davyl, rue du Bac, 30.

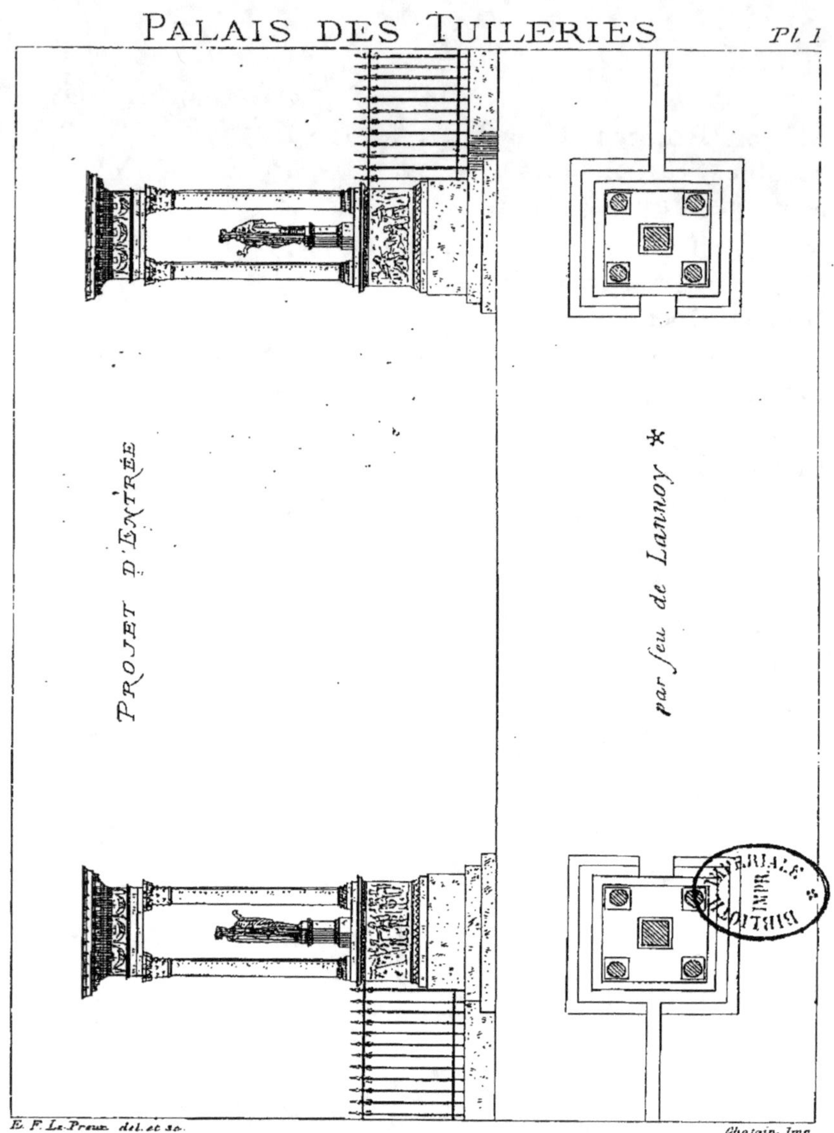

PARIS-ARCHITECTE
1866

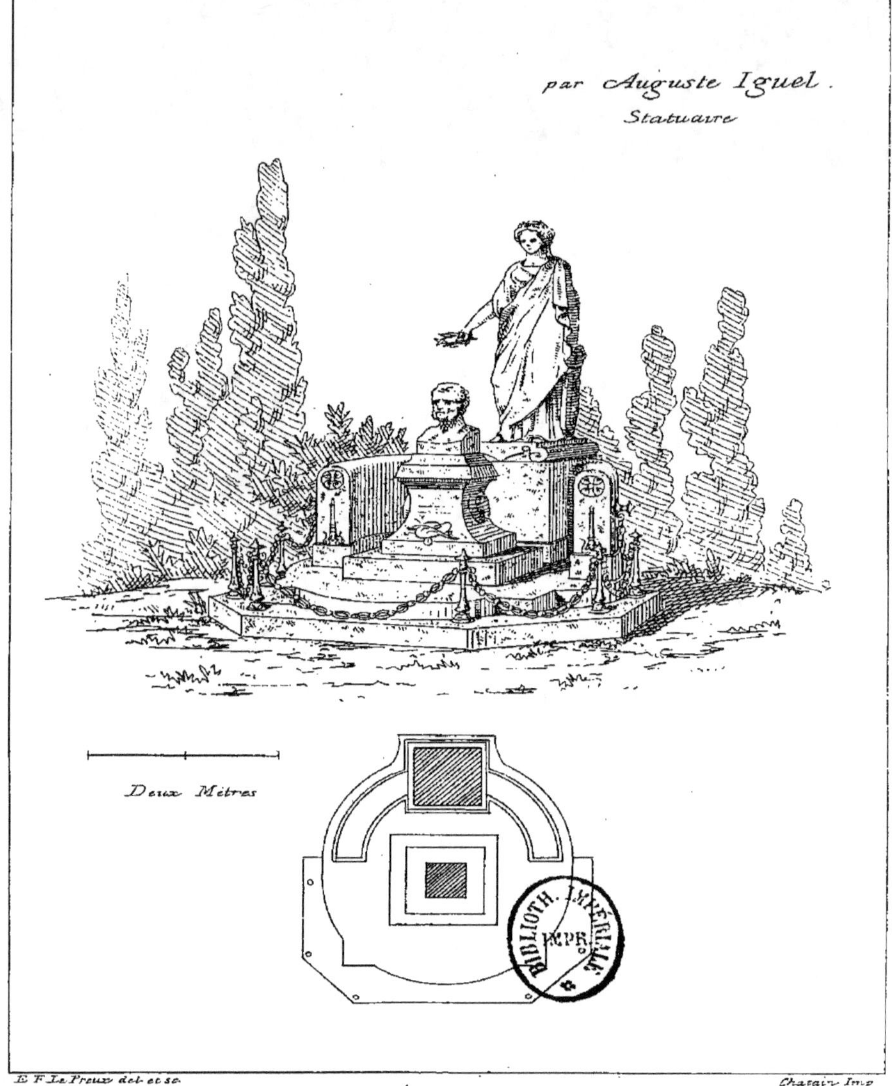

PARIS - ARCHITECTE
1866

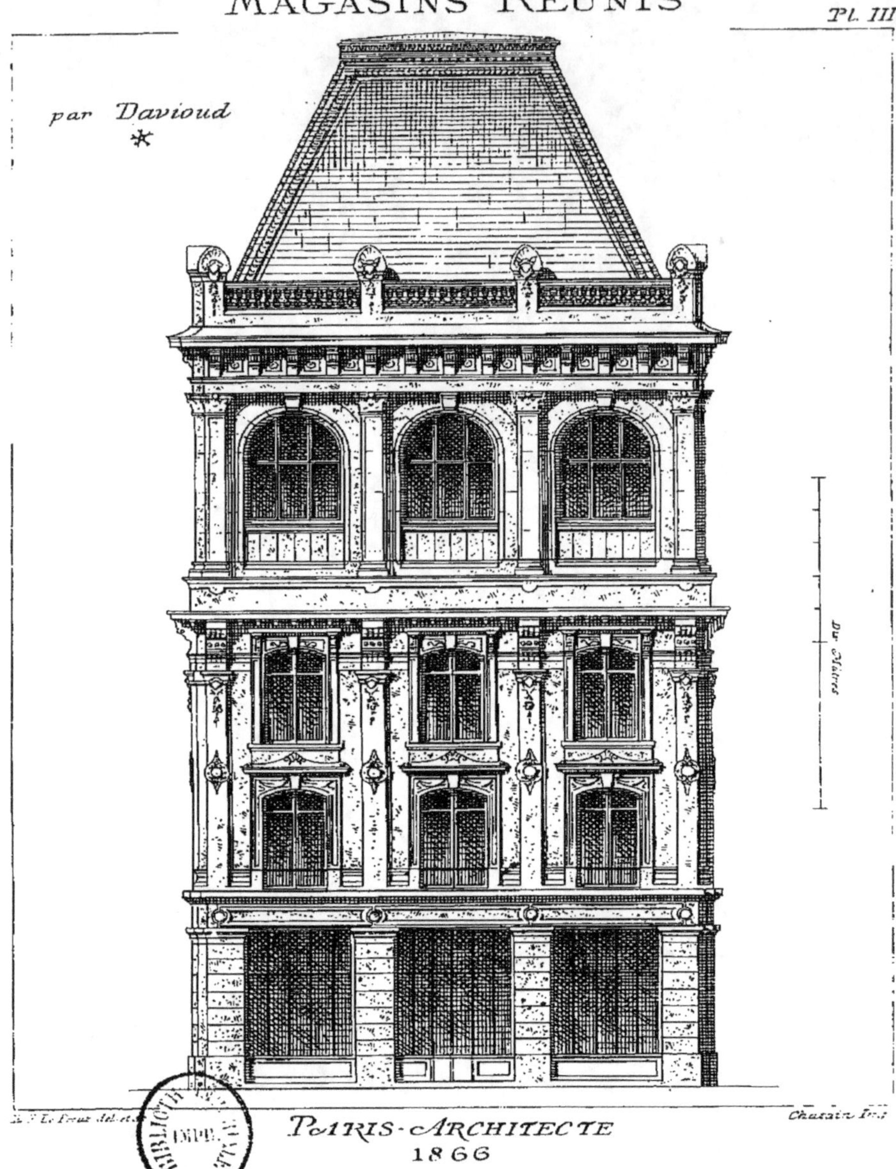

PARIS-ARCHITECTE
1866

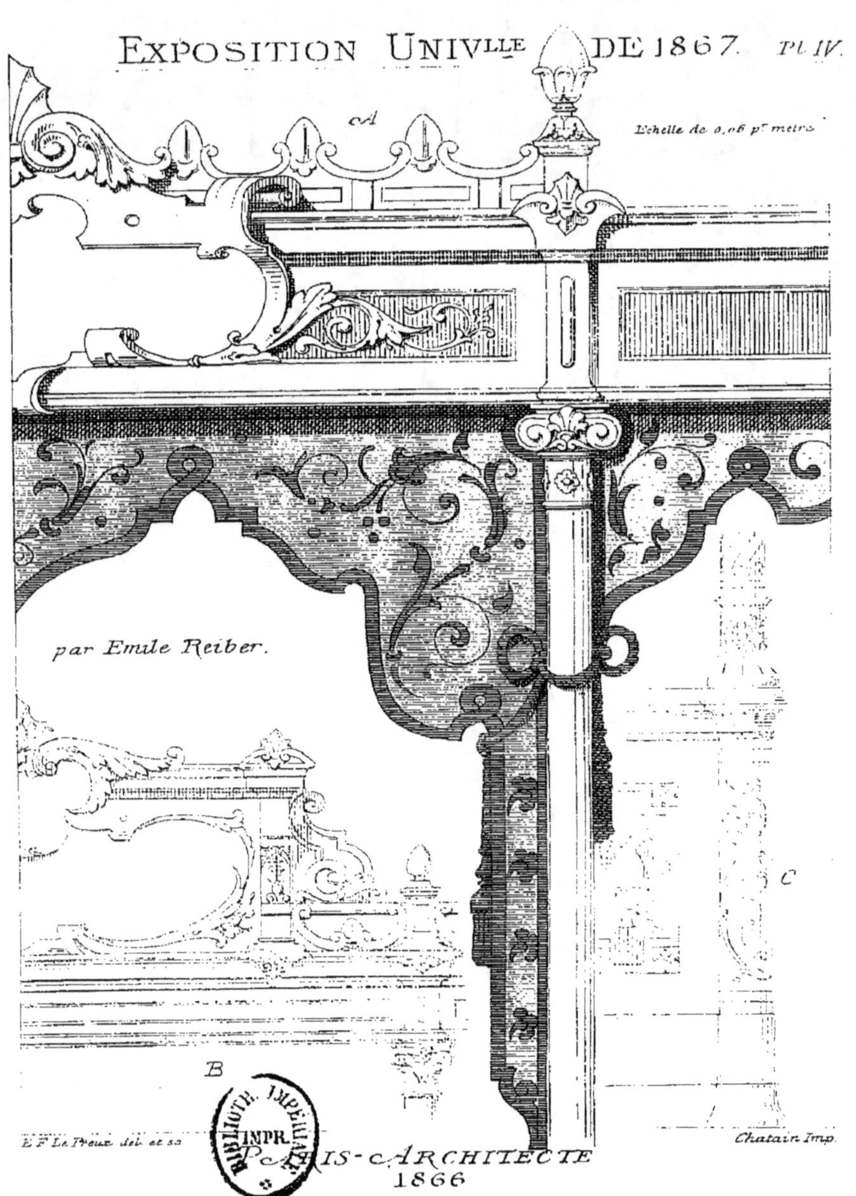

EXPOSITION UNIV.lle DE 1867.   Pl. IV.
A
Echelle de 0,06 p.r metre
par Emile Reiber.
C
B
E. F. Le Preux del. et sc
PARIS-ARCHITECTE
1866
Chatain Imp.

par Ruprich Robert ✳

PARIS-ARCHITECTE
1867

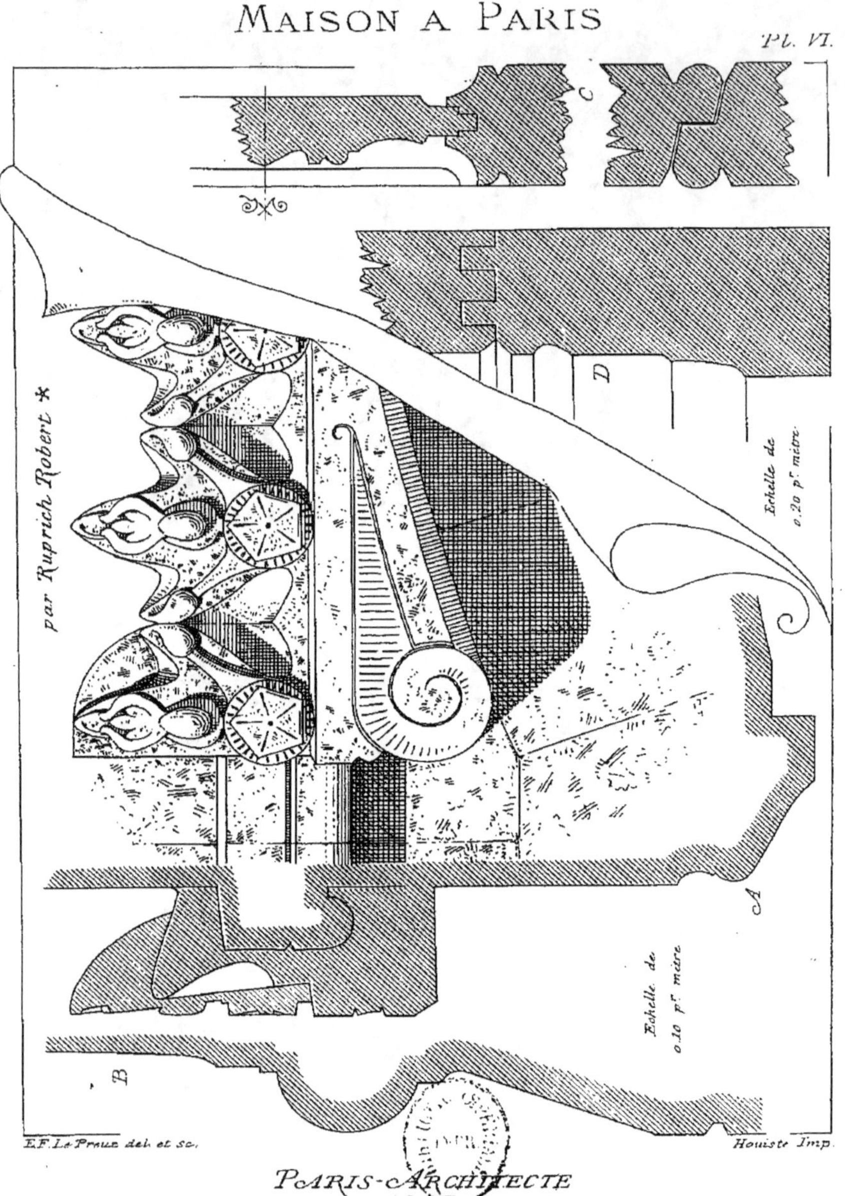
par Ruprich Robert *
Echelle de 0.20 p! mètre.
Echelle de 0.10 p! mètre.
E.F. Le Praun del. et sc.
Houiste Imp.
PARIS-ARCHITECTE
1867

PARIS ARCHITECTE
1867

E. F. Le Preux del. et sc.   Migeon Imp.

PARIS ARCHITECTE
1867

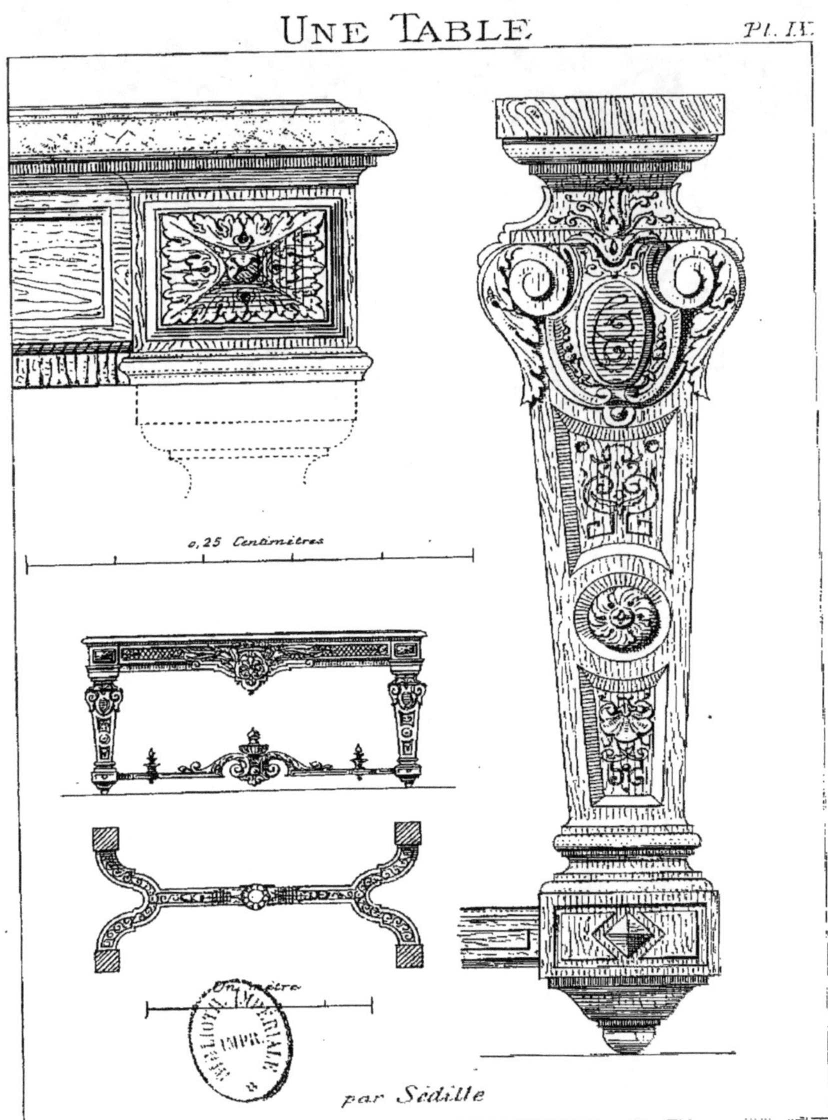

E. F. Le Preux del. et Sc.

PARIS-ARCHITECTE
1867

PARIS · ○ ARCHITECTE
1867

E. F. Le Preux del et sc.   Becquet Imp.

PARIS c. ARCHITECTE
1867

PARIS - ARCHITECTE
1867

UNIVERSITÉ DE VALLADOLID PL XIII. 
E. J. Le Breton del. & sc.
Houiste Imp.
PARIS - e ARCHITECTE
1867

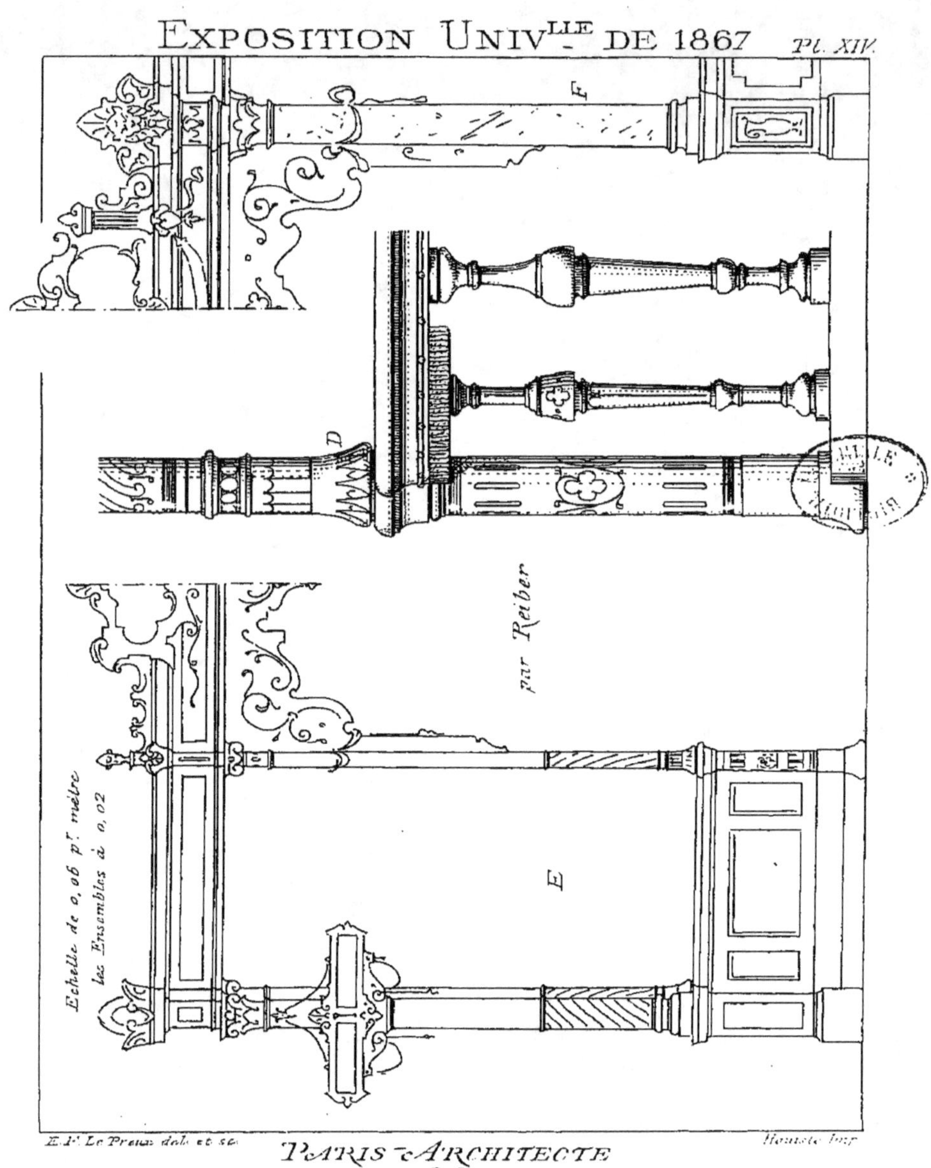

E.^de Le Preux delt. et sc.   Lemercier imp.

PARIS ARCHITECTE
1867

Pl. XV

E. F. Le Preux del. et sc.   Houiste imp.

PARIS-ARCHITECTE
1867

PARIS - ARCHITECTE
1867

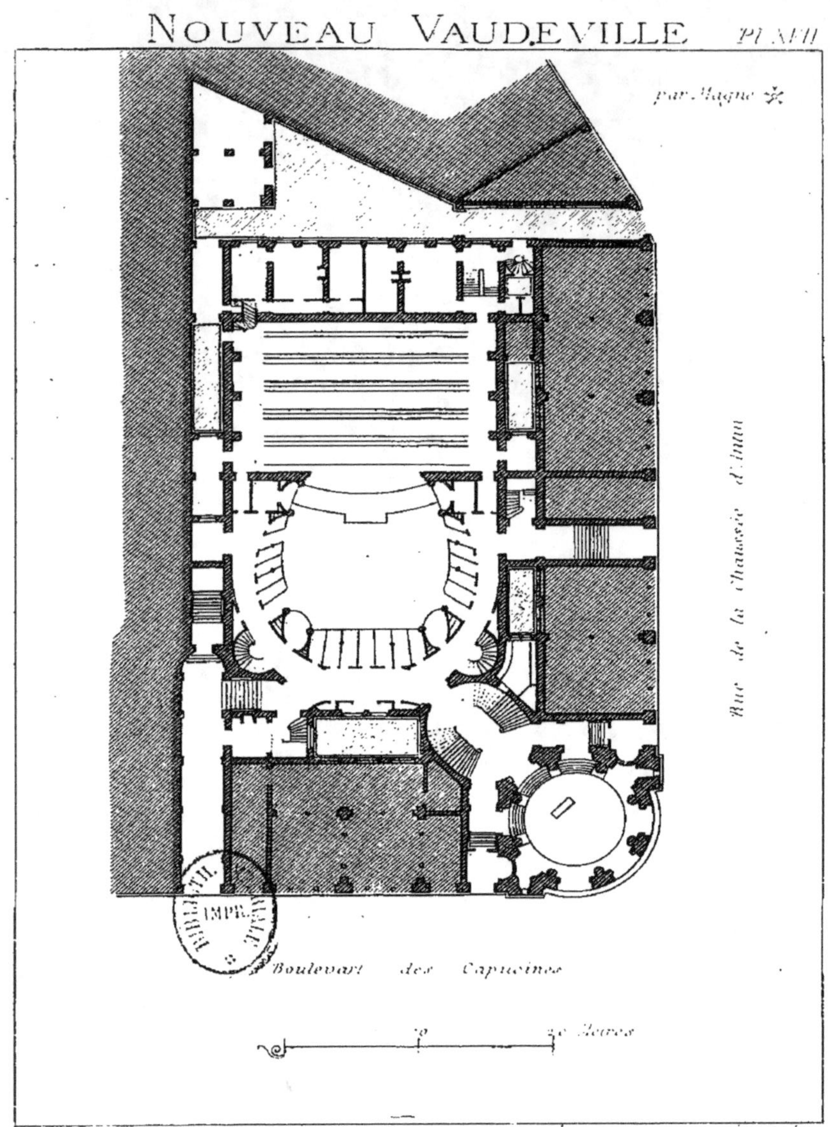

par. Magne
Rue de la Chaussée d'Antin
Boulevart des Capucines
Paris-e Architecte

par E. F. Le Preux.

E. F. Le Preux del. et sc.

Regnier Imp.

PARIS — ARCHITECTE
1867

PARIS-ARCHITECTE
1867

PARIS - ARCHITECTE
1867

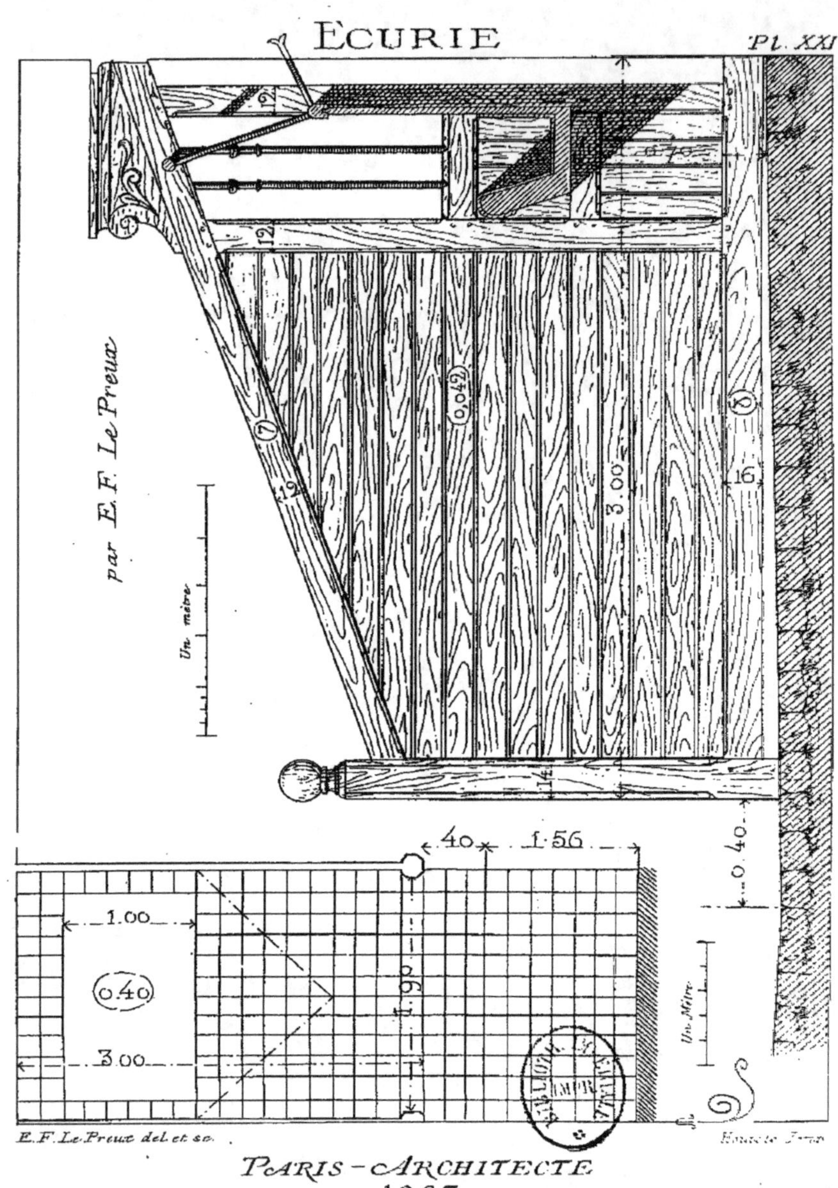

PARIS — ARCHITECTE
1867

Pl. XXII.

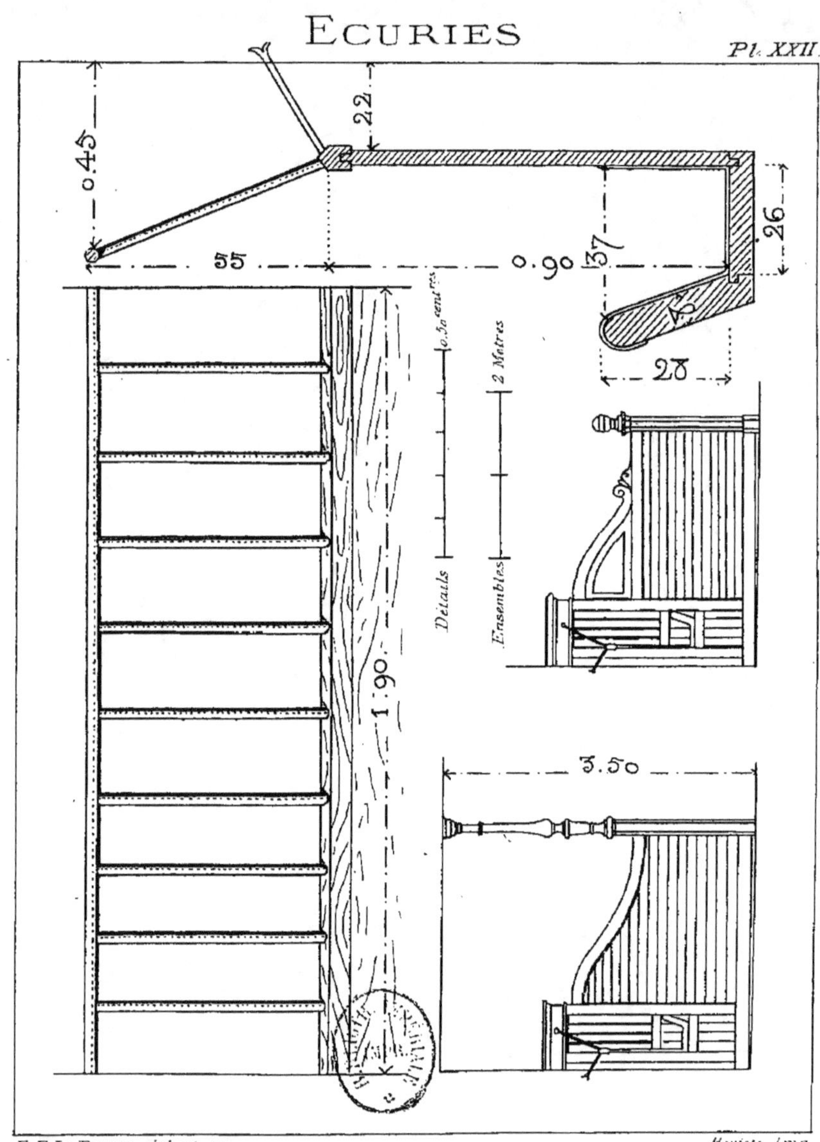

E. F. Le Proux del et sc.

Houiste Imp.

PARIS-ARCHITECTE
1867

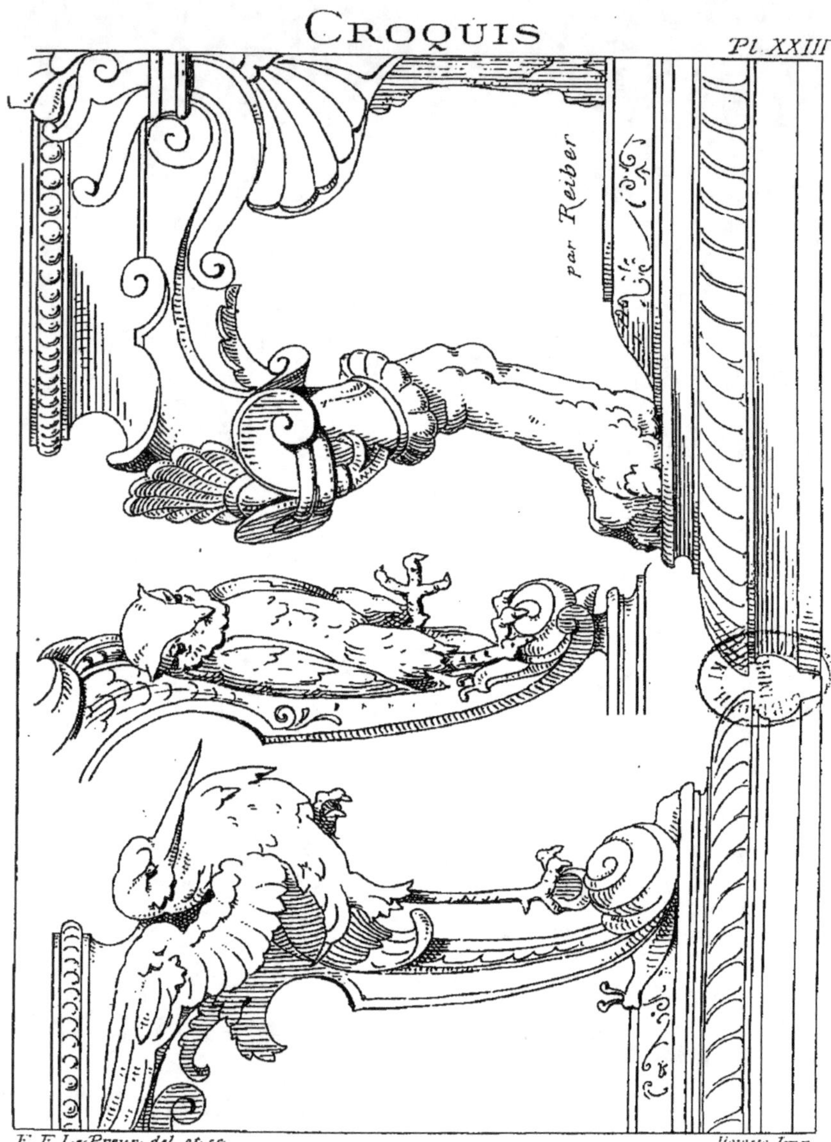

E. F. Le-Preux del. et sc.

Houste Imp.

PARIS ARCHITECTE
1867

E. F. Le Preux del. et sc.

Houiste Imp.

PARIS – ARCHITECTE
1867

PARIS
ARCHITECTE

REVUE MENSUELLE ILLUSTRÉE

FONDÉE EN 1865

et dirigée par

E.-F. LE PREUX

ARCHITECTE

1ᵉʳ JUIN 1868

—

SOMMAIRE

Texte : A nos Souscripteurs. — Monument du Pérou.

Gravures : Pl. I. Monument du Pérou (1ᵉʳ prix) (*MM. E. Guillaume, architecte, et Léon Cugnot, statuaire.*) — Pl. II. Monument du Pérou (2ᵉ prix) (*MM. Davioud ✳, architecte, et Eudes, statuaire*).

———

Le prix de l'Abonnement annuel est, pour Paris, de 10 fr., & pour les départements, de 12 fr., frais de poste en sus pour l'étranger.

———

ADRESSER FRANCO

| Toutes communications relatives au texte et aux gravures à E.-F. Le Preux. | Ce qui concerne l'administration, mandats-poste et autres à M. Charles Vincent. |

AUX BUREAUX DE LA REVUE

3, Faubourg Saint-Honoré, 3,
PARIS.

TROISIÈME ANNÉE.   N° 1.

A NOS SOUSCRIPTEURS

Paris Architecte commence aujourd'hui sa troisième année.

Directeur et Fondateur de cette Revue, j'en étais, en outre, l'Administrateur; cette tâche me devient impossible aujourd'hui que les souscripteurs à cette publication se comptent par milliers.

L'Administration de Paris Architecte appartient, à dater de ce jour, à la Société des Journaux Réunis, de M. Charles Vincent, dont le nom est un sûr garant de l'exactitude et de la parfaite exécution de notre journal.

Je reste Directeur de Paris Architecte et mettrai mes efforts à lui mériter mieux encore le succès et l'estime que cette Revue trouve auprès de ceux qui s'intéressent à la bonne et belle architecture.

E.-F. Le Preux.

MONUMENT DU PÉROU.

Le jury appelé à décider du concours pour le monument du Pérou, s'est réuni le 24 février, à 9 heures et demie du matin au palais de l'Industrie. Il était composé de MM. Guillaume, directeur de l'école des Beaux-Arts, et Perraud, statuaire, de MM. Duc et Duban, architectes, tous les quatre membres de l'Institut, et présidé par M. Gleyre, peintre d'histoire.

A la séance assistaient M. de Rivero, ministre plénipotentiaire du Pérou, M. Llona, commissaire du gouvernement péruvien, M. Albertini, premier secrétaire de la légation du Pérou, et M. Francingues, attaché à la légation, faisant fonctions de secrétaire.

Voici l'extrait du procès-verbal, qui fait connaître les motifs et les résultats du jugement:

A dix heures trois quarts, les membres du jury se rendent dans la salle où sont exposés les projets du concours, et après un mûr examen, ils décident en principe:

1º Que ceux des monuments qui semblent élevés moins à la victoire du Pérou qu'à la mémoire du colonel Galvez ne répondent pas à l'esprit du programme.

2º Que la disposition diagonale des figures des quatre républiques ne répond pas non plus aux besoins du programme, dans ce sens que d'abord elles sont présentées dans une position accessoire, et ensuite que le Pérou, qui seul a combattu et remporté la victoire, n'occupe pas la place principale.

A une heure un quart, les membres du jury décernent les prix de la manière suivante :

A l'unanimité (c'est-à-dire par cinq voix), *premier* le nº 21, dont la devise est : « *Patrie et Liberté.* » Auteurs, MM. Edmond Guillaume, architecte (1), et Léon Cugnot, statuaire.

A l'unanimité, *deuxième* le nº 14, dont la devise est : « *Libertas.* » Auteurs, MM. Davioud, architecte, et Eudes, statuaire.

A la majorité de quatre voix (un bulletin blanc), *troisième* le nº 11, dont la devise est : « *Toute puissance est faible à moins que d'être unie.* » Auteurs, MM. Simonet, architecte, et Elias Robert, statuaire, Darvaut sculpteur ornemaniste.

Exposé des motifs qui ont guidé le jury dans la classification qui précède.

Le jury en donnant à l'unanimité le 1er prix au nº 21 applaudit à la manière dont le programme a été compris et présenté par les auteurs du projet. L'ensemble a de la grandeur, la proportion des figures pour l'architecture est excellente ; les faits sont présentés avec exactitude et énergie. Le Pérou.

(1) Malgré la conformité du nom, il n'y a aucun lien de parenté entre M. Guillaume, architecte, et M. Guillaume, membre du jury.

placé en avant, combat seul, tandis que les républiques alliées, groupées derrière lui, lui offrent le concours de leurs armes et de leurs finances. Aux pieds du Pérou, le colonel Galvez fait à sa patrie le sacrifice de sa vie. La Victoire qui couronne le monument est dans un mouvement enthousiaste, elle a une belle masse et des lignes vivantes.

Quelques simplifications dans les accessoires ne pourraient qu'ajouter au bon effet de l'ensemble.

Le n° 14, a obtenu le 2° prix à l'unanimité. Ce projet est nettement et simplement conçu ; il est d'un bon effet dans ses lignes. Les quatre figures principales, qui sont bien placées pour l'effet, ne sont cependant pas unies comme il conviendrait pour l'expression du sujet. Les bas-reliefs sont, mal associés à la représentation du blindage de la tour *de la Merced*.

Le n° 11 a réuni quatre voix. La réunion des figures groupées autour de la colonne est un bon motif. Mais cette colonne, qui est l'élément principal du monument, est interrompue à la hauteur des têtes des figures, et sa base se perd, ce qui donne de l'incertitude à l'ensemble.

Fait à Paris le 26 février 1868.

> *Signé :* C. Gleyre, Eug. Guillaume, Perraud, Duc,
> F. Duban, Francesco de Rivero, N. P. Llona,
> L. E. Albertini, Francingues, *secrétaire.*

La Chambre syndicale de l'éclairage et du chauffage au gaz met en vente sa série de prix pour 1868.

Cette série se trouve, au prix de 2 fr., au siége de *l'Union Nationale* 82, boulevard de Sébastopol.

L'Administrateur : CH. VINCENT & Cᵉ.

480. IMPRIMERIE PARISIENNE, Dufour et Cᵉ, impasse Bonne-Nouvelle, 5.

PARIS
ARCHITECTE

REVUE MENSUELLE ILLUSTRÉE

FONDÉE EN 1865

et dirigée par

E.-F. LE PREUX

ARCHITECTE

Ier JUILLET 1868

—

SOMMAIRE

SALON DE 1868

Est-il une tâche plus difficile que celle qui consiste à apprécier les œuvres de ses confrères ? On cherche à ménager la chèvre et le chou, c'est-à-dire l'amour-propre de l'auteur et l'impartialité, et malgré tout on peut se trouver dans le cas de cet écrivain anglais qui, il y a quelques mois, critiquant les œuvres d'un architecte, son compatriote, et l'accusant d'avoir inventé un nouvel ordre, l'ordre béotien, se vit citer par ce dernier devant les tribunaux.

TROISIÈME ANNÉE.   N° 2.

Il est vrai que lorsqu'on n'a pas dépassé les bornes de la critique on gagne son procès, mais on a un ennemi de plus.

C'est pour cela que je ne signerai pas ces quelques appréciations.

— M. L.-E. Adan expose de jolies aquarelles, ce qui ne m'empêche pas de préférer, surtout lorsqu'il s'agit, comme ici, de fresques et d'arabesques, un peu plus de netteté dans la ligne, dans le dessin ; notre regretté confrère, Jules Bouchet, a fait des merveilles en ce genre.

— M. André Gaspard a envoyé son projet pour le monument du Pérou ; le journal *Paris-Architecte* a publié dernièrement une page officielle au sujet de ce concours ; en la lisant, M. André reconnaîtra qu'il n'avait pas saisi l'esprit du programme ; son projet est bien étudié, il a un grand défaut cependant : il manque d'échelle.

— M. Boileau père. Exempt de l'examen d'admission, c'est dommage, grand dommage ! !

— M. F.-P. Boitte. — Deux jolies aquarelles.

— M. Pierre Chabat. — Douze motifs bien dessinés, mais pas de sentiment, de chaleur : l'œuvre léchée et banale.

— M. Alfred Chapon a une bonne exposition ; à remarquer le palais du bey de Tunis, construction qui va passer du parc de l'Exposition au nouveau square de Montsouris.

— M. A. Coisel. — Palais de justice pour Alger, une bonne et consciencieuse étude.

— M. C.-A. Conin, rendu lourd, rien de saillant dans cette église de Châteauroux.

— M. Édouard Corroyer. — Un beau projet de maître-autel ; de l'invention et de la science ; j'ajoute que le dessin est parfait. J'aime moins sa restauration de l'église de Notre-Dame de Ham, il me semble de l'école de ces architectes qui, parfois trop exclusifs, font place nette pour appliquer partout leur style favori.

— M. Jean Dabernat a fait un palais de justice d'une coquetterie trop grande, il fallait là du sévère et du majestueux.

— M. Jules Deis a envoyé une synagogue bien fraîche qui paraît sortir d'une boîte à joujoux.

— M. Degeorge. — Un pont monumental. Les ponts (que les ingénieurs construisent si laids) ont toujours sollicité l'inspiration des architectes. Rappelez-vous les modèles parfaits composés ou exécutés par les architectes d'autrefois, qui étaient chargés de construire les ponts, avec plus de raison, ma foi! M. Degeorge a fait une bonne étude, mais les mâts et les petits édicules, qui semblent des reposoirs, paraissent attendre le passage d'une procession.

La suite à la prochaine livraison.

EXPLICATION DE NOS GRAVURES

—

PLANCHE III

Monument du Pérou

3ᵉ PRIX, PAR MM. SIMONET, ARCHITECTE, ÉLIAS ROBERT, STATUAIRE, & DARVAUT, SCULPTEUR-ORNEMANISTE.

(Voir la livraison précédente.)

PLANCHE IV

Nouveau Luxembourg
(BUFFET DE LA PÉPINIÈRE)

PAR M. DAVIOUD ✳, ARCHITECTE EN CHEF DU SERVICE DES PROMENADES ET PLANTATIONS DE LA VILLE DE PARIS.

Nous donnerons dans notre prochaine livraison les plans de cette charmante fabrique, et en même temps toutes les explications qu'elle demande.

LIVRES ET JOURNAUX

— Vient de paraître à la Librairie internationale un album de douze lithographies : *les Boiseries sculptées du chœur de Notre-Dame de Paris.*

Les planches, magnifiques, sont précédées d'un texte historique par H. Gourdon de Genouillac, et d'un texte descriptif illustré de dessins d'ensemble, par E.-F. Le Preux. — Prix : 10 fr.

— Pauvre *Moniteur des Architectes !* le directeur trouve que son travail ne lui rapporte rien ; l'éditeur voit que les œuvres de M. Normand ne sont guère appréciées que par M. Normand lui-même ; de là procès, résiliation de traité, &. Pauvre *Moniteur des Architectes ! !*

— Je viens de recevoir le 1er numéro de la troisième année d'une publication fort bien faite et fort intéressante : les *Croquis d'Architecture* méritent l'attention et le succès ; nous leur souhaitons ce qu'ils obtiendront sûrement : estime et réussite. — Bureaux, rue des Beaux-Arts, 6, à Paris.

— Un bel ouvrage : — la *Monographie de l'église de la Sainte-Trinité*, construite à Paris par M. Th. Ballu, architecte, — se trouve chez A. Dupuis, libraire-éditeur, rue des Beaux-Arts, 12, Paris. — Prix : 30 fr.

L'Administrateur : Ch. Vincent & Cᵉ.

809. Imprimerie Parisienne, Dufour et Cᵉ, impasse Bonne-Nouvelle, 5.

PARIS
ARCHITECTE

REVUE MENSUELLE ILLUSTRÉE

FONDÉE EN 1865

et dirigée par

E.-F. LE PREUX

ARCHITECTE

1ᵉʳ AOUT 1868

—

SOMMAIRE

MONUMENT A INGRES

L'Académie des Beaux-Arts, dans sa séance du 11 juillet, a jugé le concours pour la statue d'Ingres. Il y avait 35 projets, mais les numéros 4 *bis* et 26 ont été exclus du concours, parce que leurs auteurs n'étaient pas restés dans les conditions fixées par le programme.

L'Académie a décidé qu'il n'y avait pas lieu de décerner le 1ᵉʳ prix, qui devait entraîner l'exécution du monument.

Le second prix, de 1,000 fr., a été décerné à M. Maillet, auteur du n° 12, et le troisième prix, de 600 fr., à MM. Falguière, sculpteur, et Boitte, architecte, auteurs du n° 18.

TROISIÈME ANNÉE.   Nᵒ 3

QUELQUES PROGRAMMES

Les programmes nous font toujours rire !

Lisez plutôt :

— Quelques lignes tirées de l'*Événement illustré* :

Voulez-vous savoir où en est l'esprit de l'art? Allez au palais des Beaux-Arts et voyez le programme donné aux élèves architectes de l'école. Ce n'est pas un temple ou un palais; est-ce qu'il y a place dans nos villes pour des temples — je ne parle pas des églises en sucre candi — ou pour des palais?

Voici le sujet :

« *Un établissement de restaurateur dans une promenade publique.* »

Un détail maintenant :

« Le rez-de-chaussée contiendra un vestibule ouvert; une grande salle très-aérée, plusieurs petits salons et cabinets pour y dîner au nombre de six, quatre et deux personnes... indépendamment de l'entrée secrète, une ou deux entrées particulières pour les cabinets. »

Après les maisons à souper, quelles autres ferez-vous bâtir à vos jeunes gens?

Les bourgeois se sont plaints que les architectes de l'école ne savaient pas leur faire des boutiques, des cafés, etc., et l'administration a voulu leur prouver que les artistes qu'elle formait étaient dans le mouvement. Elle a eu ce malheur de réussir complétement.

— Maintenant quelques lignes du *Voyageur de commerce* :

Le rez-de-chaussée contiendra un vestibule ouvert; une grande salle très-aérée, plusieurs petits salons et cabinets pour y dîner au nombre de six, quatre et deux personnes... indépendamment de l'entrée secrète, une ou deux entrées particulières pour les cabinets.

Recueillons-nous, messieurs, et chapeau bas!

— Qu'est-ce cela?

— Cela, messieurs, c'est de la prose administrative qui passe; cela, c'est le programme donné cette année, pour le concours d'architecture, aux élèves de l'école des Beaux-Arts.

Voilà où nous en sommes!

Vraiment c'est d'un grotesque funèbre.

L'année prochaine, il faut espérer qu'en suivant cette progression, nous arriverons à mettre au concours certaines maisons d'un autre genre, dont l'utilité n'a jamais été niée par les législateurs.

Il serait dommage de s'arrêter en si beau chemin.

Le public entier est d'accord sur ce que ce programme a de déplacé; voyons maintenant un autre genre de prose architecturale.

Une Maison de Médecin de Campagne

Un modeste médecin de campagne, qui pratique laborieusement et généreusement depuis de longues années déjà, vient de recevoir un mince héritage, dont il veut faire l'emploi dans la construction de la maison qu'il a toujours rêvée. Il avait, dans cet espoir, acquis, il y a quatre ans, un petit coin de terre sur les confins du village, sur le chemin de la berge. Il a là un bon demi-arpent de sol dont il peut maintenant parfaire le payement, et sur lequel il va planter l'habitation qu'il léguera à ses enfants.

Une belle vue à l'est : la famille, vouée au travail comme son chef, et composée de la femme et des deux filles, déjà grandes, prendra le matin, sous les perspectives riantes de la vallée, de la gaieté pour tout le jour.

Dans le village qui rampe au coteau, vers les bois, et qu'alimente encore la vieille industrie du halage et du flottage des trains, c'est le chemin de la berge qui est la grande voie; c'est par là que viendront aisément les malades chez le bon docteur. Au dedans, de l'espace suffisamment pour faire un bon potager avec quelques arbres fruitiers. Tout va bien. Voici le programme de ce petit réduit honnête et simple, etc.

Ceci vient d'une école d'architectes où l'on nous semble professer à la fois la construction et la belle poésie. Voici des spécimens des phrases que les professeurs y prononcent dans leurs cours :

Le chapiteau est le geste de la colonne pour supporter l'architrave.

La cathédrale de Bourges est une arachnide pétrifiée dans l'écarquillement de ses membres.

Qu'ajouter à cela? les lignes suivantes qui sont dans le

spiriteul *Dictionnaire du Figaro*, et qui sont peut-être à l'adresse de certains de nos confrères qui font du style et dont la suffisance déguise à peine la nullité.

CRITÉRIUM, — SYNTHÈSE, — ESTHÉTIQUE !! — Mots ronflants, qui posent un sot auprès des imbéciles et qui le toisent devant les gens d'esprit.

EXPLICATION DE NOS GRAVURES

PLANCHE V

Collége Militaire de Tolède.

Le « *Colegio de Infanteria* » occupe le local de l'ancien hôpital de Santa-Cruz.

Ce fut le cardinal Mendoza qui fonda ce collége en 1494 ; on le voit au portail, agenouillé devant l'image de la Vierge.

PLANCHE VI

Nouveau Luxembourg

(BUFFET DE LA PÉPINIÈRE)

PAR M. DAVIOUD ✻, ARCHITECTE EN CHEF DU SERVICE DES PROMENADES ET PLANTATIONS DE LA VILLE DE PARIS.

Plans du rez-de-chaussée et du 1er étage.

Ces deux étages sont chauffés par un calorifère placé dans le sous-sol ; au rez-de-chaussée une grande salle ouvrant sur deux terrasses couvertes ; au premier la salle de billard, ouvrant aussi sur les deux terrasses situées au-dessus des précédentes.

L'Administrateur : CH. VINCENT & Cᵉ.

930. Imprimerie Parisienne, Dufour et Cᵉ, impasse Bonne-Nouvelle, 5

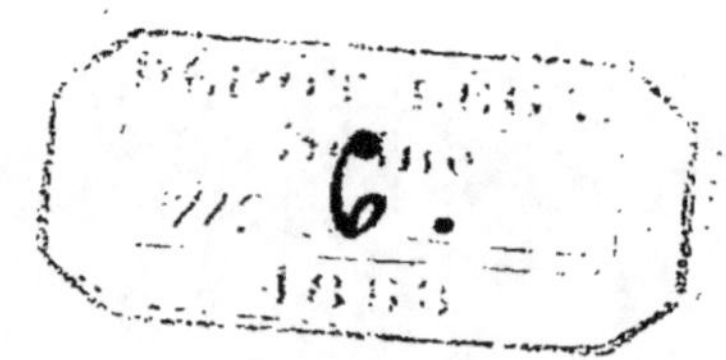

PARIS
ARCHITECTE

REVUE MENSUELLE ILLUSTRÉE

FONDÉE EN 1865

et dirigée par

E.-F. LE PREUX

ARCHITECTE

1ᵉʳ SEPTEMBRE 1868

SOMMAIRE

Nous sommes heureux d'annoncer à nos souscripteurs que, par décision de son Conseil, la *Société impériale et centrale des Architectes* souscrit à la revue : *Paris-Architecte*.

AVIS IMPORTANT

Depuis longtemps nous cherchions un remède au défaut de la revue Paris-Architecte *; son format, nécessité par le prix si restreint de son abonnement, ne nous permettait pas de rendre assez pratiques certaines de ses planches.*

Les sacrifices faits par son administration ont porté leurs fruits; le nombre de nos souscripteurs est aujour-

TROISIÈME ANNÉE.   Nº 4.

d'hui assez considérable pour que nous puissions, sans changer en rien les conditions et le prix de son abonnement, apporter à notre revue une modification dés plus coûteuses pour nous, mais aussi des plus utiles à nos abonnés.

A dater de ce jour, nous donnerons environ tous les deux mois une façade des maisons les plus remarquables construites à Paris, à l'échelle de 0ᵐ,01 par mètre ; celle que nous donnons en ce numéro démontre suffisamment dans quelle large voie l'empressement des souscripteurs nous permet d'entrer.

Dans notre prochaine livraison, nous dirons par quelle combinaison nouvelle nos souscripteurs pourront se procurer les plans, détails au 5ᵉ ou au 10ᵉ, et les profils, grandeur d'exécution, des œuvres que nous publierons.

CONCOURS

Nous recevons du Consulat général d'Autriche, à Paris, l'avis d'un concours ouvert à Trieste (Autriche), pour le projet d'un *Marché à poisson*, couvert.

Ce concours, auquel pourront prendre part les nationaux et les étrangers, sera clos fin septembre et offrira un premier prix de 1,250 fr. et un second de 750 fr.

Les deux projets primés resteront la propriété de la commune, et leurs auteurs n'auront droit, en dehors des prix établis, à aucune autre compensation ou indemnisation.

Le plan du terrain destiné à ce marché est visible tous les jours, de 9 heures du matin à 5 heures du soir, au consulat général d'Autriche, à Paris, rue Laffitte, 21.

SALON DE 1868.

(Suite & fin)

« Une grave indisposition de notre collaborateur chargé du Salon, le force à condénser en quelques lignes les notes qu'il avait prises à ce sujet. »

—

Parmi plusieurs projets d'églises, je remarque celui de l'église de Flers (Orne). Le plan est parfait, et je loue sans réserve aucune le caractère et l'ornementation des façades. L'auteur, M. Ruprich-Robert, est un des rares artistes qui cherchent et qui trouvent; il est regrettable que son exposition n'ait pas été récompensée.

Je cite volontiers deux autres projets d'églises, l'un de M. Gaston Hénard, l'autre de M. Lorain.

Plusieurs théâtres sollicitent mon attention ; dans celui que M. Gosset construit à Reims, je remarque une bonne forme de salle, de bonnes dispositions d'escaliers, mais les avant-scènes sont mal agencées ; l'ensemble décoratif de la salle rappelle celle du théâtre du Châtelet ; M. Hédin, dans son projet pour Alençon, s'est aussi souvenu de l'œuvre de M. Davioud ; j'aime assez le parti de la salle de concerts avec café au-dessous.

Cette partie du programme est moins bien traitée dans le théâtre de M. Rohard ; je trouve malheureux ce café et ce vestibule se faisant pendant ; la façade me semble celle d'une gare de chemin de fer ; je ne crois guère à un bon éclairage, pour une salle de spectacle, par les deux rangs de globes dépolis que M. Rohard ajoute à son plafond. Tout ce projet me semble médiocre.

Je signale en passant une magnifique aquarelle de M. Formigé *(Cheminée du palais du Franc, à Bruges)*; de bonnes études de M. Hirsch *(Temple israélite construit à Lyon)*; l'œuvre de talent de M. Lafollye *(Restauration du château de Pau)*; puis un bon projet de palais de justice de M. Lefol.

Après m'être étonné de l'admission, par le jury, de plusieurs châssis de M. Poix de Trouville; après avoir regretté le temps qu'a perdu M. Vionnois à prendre un des monuments reproduits par Letarouilly et à le traduire en un style des moins réussis, je félicite M. Duval de son excellente idée de centralisation des services d'une ville.

J'engage vivement cet architecte à compléter ce travail; j'aimerais à voir réunis une caserne de cavalerie et d'infanterie, un commissariat de police, un télégraphe, un poste de police, un autre de sapeurs-pompiers, etc.

Pour ne citer qu'un exemple des bons services rendus par un bâtiment ainsi compris : en cas d'incendie, les pompiers, prévenus par le télégraphe, utiliseraient pour les pompes le secours des chevaux de la caserne; les soldats, prévenus, aideraient aux pompiers, etc., etc. Je pense enfin que plus amplement comprise et étudiée, M. Duval ferait une œuvre utile dont je verrai avec plaisir une grande ville tenir un compte sérieux.

X***

SALON DE 1868. — Architecture. — *Médailles.* — MM. Gosset (Alphonse), — Hédin (Amédée), — Hénard (Gaston), — Lafollye (Auguste), — Lorain (J.-B. Paul), — Simil (Alphonse).

L'Administrateur : Ch. Vincent & Cᵉ.

1098. Imprimerie Parisienne, Dufour et Cᵉ, impasse Bonne-Nouvelle, 5

PARIS
ARCHITECTE

REVUE MENSUELLE ILLUSTRÉE

FONDÉE EN 1865

et dirigée par

E.-F. LE PREUX

ARCHITECTE

1er OCTOBRE 1868

—

SOMMAIRE

TEXTE : Concours du Grand Prix, 1868. — Avis important. — Explication de nos Gravures.

GRAVURES : Pl. IX et X. — Chasteau de Richelieu. (*J. Le Mercier, architecte.*)

CONCOURS DU GRAND PRIX
1868

—

Ont été admis en loges, après le concours préparatoire ayant pour sujet : « Un Hôpital civil. »

1° MM. Dutert, élèves de MM. Lebas et Ginain ; 2° Rayer, de M. Normand ; 3° Alfred Leclerc, de M. Questel ; 4° Brion, de MM. André et Coquart ; 5° Carré, de MM. Lebas et Ginain ; 6° Bizet, de M. Guenepin ; 7° Paulin, de MM. Paccard et Vaudoyer ; 8° Scellier, de MM. Lebas, de Gisors et Ginain ; 9° Mayeux, de MM. Guénepin, Paccard et André ; et 10° Monfort, de M. Questel.

TROISIÈME ANNÉE.   N° 5.

PROGRAMME DU CONCOURS POUR LE GRAND PRIX
UN CALVAIRE

Prix : M. Charles Alfred Leclerc, né à Paris, le 11 décembre 1843, élève de M. Questel.

1er Accessit : Néant, 2e Accessit : M. Jules Charles Étienne Monfort, né à Nantes, le 8 mai 1844, élève de M. Questel.

Mention : M. Maurice Adolphe Marie Bizet, né à Paris, le 30 août 1844, élève de M. Guenepin.

AVIS IMPORTANT

Dans ma dernière livraison, j'avais promis aux souscripteurs de *Paris-Architecte* de leur donner le moyen de se procurer les détails et profils des œuvres publiées dans cette Revue ; je tiens ma promesse.

Je viens de faire paraître à la Librairie Artistique * la première livraison d'un ouvrage essentiellement pratique :

Les Profils et Détails d'Architecture
Revue mensuelle illustrée

J'y donne tous les détails de la construction : profils de moulures, chambranles, corniches, clefs et chapiteaux, fenêtres, portes, plans d'exécution, motifs de peinture et de sculpture d'ornement, études de planchers, de combles, de constructions économiques, etc., etc., et cela presque toujours en grandeur d'exécution.

Il paraît, tous les mois, une livraison composée de deux planches de 54 centimètres sur 38, avec texte explicatif en trois langues (français, anglais et allemand).

Le prix annuel de cette revue est, pour Paris, de 5 francs, et pour les départements de 6 francs.

* *Librairie Artistique*, rue Bonaparte, 18, à Paris.

On comprend qu'il m'est difficile de dire de cet ouvrage tout le bien que j'en puis penser, mais je puis affirmer que la revue *Paris-Architecte* et la revue *Profils et Détails d'Architecture* se complétant l'une par l'autre et ne coûtant ensemble que 15 francs par an, forment au double point de l'art et de la pratique la plus utile, la plus intéressante et la plus économique des publications architecturales.

E.-F. Le Preux

EXPLICATION DE NOS GRAVURES

PLANCHE IX & X.
Le Magnifique Chasteau de Richelieu.

COMMENCÉ ET ACHEVÉ PAR JEAN ARMAND DU PLESSIS, CARDINAL DUC DE RICHELIEU, SOUS LA CONDUITE DE JACQUES LE MERCIER, ARCHITECTE ORDINAIRE DU ROY.

Élévation d'une partie des façades sur la cour intérieure de ce château et détail d'une lucarne desdites façades.

Voici l'avis au lecteur de l'ouvrage consacré à la description de château, gravé et réduit par Jean Marot, architecte et graveur du Roy.

AV LECTEVR

Il ne favt pas estre françois pour connoistre quel a esté le grand cardinal de Richeliev. Toute l'Europe a esté contrainte de céder à la force de son Génie. Il fut heureux dans ses desseins, fidèle dans ses Conseils, et infatigable dans les trauaux ; Grand durant la paix et durant la guerre. Et comme si ce n'eust esté assez pour luy, que d'auoir fait aymer et craindre son Roy, de ses Sujets et des Nations estrangères ; Il fit reuiure et fleurir à son exemple et par ses nobles profusions, les Arts et les Lettres, que le mespris et l'ingratitude auoient bannies de la France. Comme il a surpassé les plus fameux Politiques dans le gouuernement de l'Estat, il les a encore surpassez dans les Monumens publics qu'il nous a laissez; Et on peut dire hardiment que la Libéralité des Césars dans les Cirques, la Piété d'Agrippa dans le Panthéon, et la Magnificence de Trajan dans sa Colomne, ne peuuent estre comparées à la gratitude, au zèle et à l'amour insigne de ce grand Ministre. Le Palais Cardinal est vn merueilleux tesmoignage de sa reconnoissance enuers son Roy : La Sorbonne vne heureuse marque de sa déuotion enuers Dieu : Et Richelieu vne éclatante et superbe preuue du soin qu'il eut de sa gloire. C'est ce Richelieu, dont ie vous donne icy le Plan, les Éléuations, les Porfils, les Appartemens et les Faces en perspectiues, Ce mesme Richelieu, qui n'est pas seulement admirable par ses aduenuës, par son Architecture et par sa situation, mais qui l'est encore dauantage par les rares ouurages de l'ancienne Grèce et de la vieille Italie dont il est enrichy : Il est remply dehors et dedans d'vne infinité de Bustes et de Statuës, qui ont esté le chef-d'œuure des premiers Maistres du monde ; Et parmy ses Statuës on en trouue qui ont esté les Dieux et les Oracles du Paganisme. Mais comme la mort de cet Homme extraordinaire auoit laissé quelque chose d'imparfait à cet Edifice, Jean Armand du Plessis, Duc de Richelieu, héritier des biens et de la vertu de ce Héros incomparable, l'a fait acheuer avec vn soin digne de sa Naissance et de son esprit, l'a enrichy d'vne curieuse Bibliothèque et n'a rien oublié de tout ce qui pouuait seruir à sa dernière perfection.

L'Administrateur : CHARLES VINCENT & Cᵉ

1098. Imprimerie Parisienne, Dufour et Cᵉ, impasse Bonne-Nouvelle, 5

PARIS
ARCHITECTE

REVUE MENSUELLE ILLUSTRÉE

FONDÉE EN 1865

et dirigée par

E.-F. LE PREUX

ARCHITECTE

1er NOVEMBRE 1868

—

SOMMAIRE

CAUSERIE

Je ne me doutais guère du bruit que ma livraison d'août dernier ferait dans le monde des architectes.

Les articles insérés m'ont valu nombre de lettres.

Je réponds aux principales :

*
* *

.... Ce qui prouve que, même le restaurant, peut donner lieu à une composition d'art, c'est que, dans le même numéro, vous donnez le plan d'un café-restaurant au Luxembourg. Il faut éviter, à mon sens, de se faire l'écho de journalistes qui BLAGUENT *tout pour faire de la ligne...*

TROISIÈME ANNÉE.   N° 6.

Certainement, Monsieur et cher confrère, on ne peut nier l'étude et la science qu'exige le projet d'un restaurant, et personne, je crois, ne peut blâmer le choix d'un pareil sujet. Un détail cependant est scabreux : le cabinet particulier.

Dans la vie de tous les jours, ce détail passe inaperçu. Des restaurants, que je ne suppose pas dépourvus de ces dépendances nécessaires, sont établis aux buttes Chaumont, aux Champs-Élysées, et sont l'œuvre d'architectes éminents ; et cependant personne n'en est choqué.

Dans un concours de l'École, le cas était différent ; il y avait une question de tact ; il fallait esquiver le mot ; une phrase s'est trouvée maladroite, le public l'a relevée et nous avons dû en tenir compte.

Vous me blâmez, cher maître, de me faire l'écho de journalistes blagueurs. Pensez-vous donc inutile qu'un journal d'architecture apprenne à ses lecteurs (qui, eux, ne lisent pas tous les journaux et resteraient ignorants de bien des faits qui les intéressent) ce que pense, ce que dit le public, de leurs œuvres, de leurs travaux ? Je suis d'accord avec vous sur ce point, que les appréciations sont plus souvent méchantes et gouailleuses que douces et bienveillantes, mais n'estimez-vous pas nécessaire de connaître également les bravos et les blâmes ?

*
* *

Un souscripteur m'écrit que j'aurais dû passer le fait sous silence ; le paragraphe précédent lui répond.

*
* *

J'ai cité un programme d'une école, et l'on m'accuse de chercher à nuire à cette école.

Loin de moi cette pensée.

L'école en question m'est sympathique, et, pour cela même, je déplore ses fautes.

Les architectes français, pour la plupart du moins, ont, par leurs jalousies et leurs divisions, rabaissé le renom de l'architecture ; tâchons au moins qu'ils ne la rendent pas ridicule.

Et croit-on qu'on puisse prendre au sérieux un art qui inspire des programmes dans le genre du suivant ?

M. D... est un homme excellent, qui a reçu en même temps de ses pères et le bien qu'il exploite et la tradition des généreuses pensées. Son intelligence et son travail, fructueux pour lui, ont enrichi tous ses voisins et tous ceux qu'il emploie dans ses industries. On dirait qu'il ne sait se donner aucun bien sans y associer tout le monde.

Au moment où M. D.... a conçu l'idée d'embellir son parc de la belle vue de la terrasse R, il a voulu conduire à ce point la source éloignée des *Bouleaux*, et offrir en permanence ses eaux au voyageur fatigué. Celui-ci sera attiré là par le murmure agréable de la source répandant ses eaux dans un bassin largement ouvert. Un banc voisin et l'ombre d'un saule compléteront cette discrète hospitalité, dont chaque passant peut user sans gêne et dont on trouve le sens aimable dans les quatre vers assez médiocres, mais très-appropriés, que M. D.... a composés pour être offerts à la vue du voyageur, près de la source :

> « *Passant, si tu as soif, tant mieux !*
> « *Car, si mon eau t'est nécessaire,*
> « *Celui qui m'a fait est heureux ;*
> « *Quoiqu'il n'ait fait que de l'eau claire...* »

*
* *

Une dernière lettre enfin :

.... *Vous avez bien fait, mon ami, de répéter le cas qu'un journal frondeur fait de certaines expressions baroques employées aujourd'hui par nombre de mes confrères.*

*Étais-je ébaubi à toutes ces belles choses où je ne com-
prenais rien et dont le vide seul égale le précieux.....*

_
* *

Un fait curieux: Je viens de fonder les *Profils et Détails
d'Architecture,* qui obtiennent un joli succès, et, de tous
côtés, nombre de gens crient bien haut qu'ils en avaient
l'idée.

Parbleu ! !... E.-F. Le Preux.

EXPLICATION DE NOS GRAVURES

PLANCHES IX & X.

Église Saint-Georges Majeur à Venise.

MAITRE-AUTEL EN BRONZE PAR GIROLAMO CAMPAGNA.

Ce remarquable dessin est dû à feu Jules Bouchet, l'auteur
des *Compositions antiques,* du *Laurentin* et de maints ouvrages renommés.

Nous donnerons prochainement plusieurs autres reproductions curieuses de ce maître regretté.

CONCOURS

Nous recevons, au moment de mettre sous presse, l'avis et le programme d'un concours ouvert pour la construction d'un hôtel de ville
à Vienne (Autriche).

On peut se procurer le programme et prendre connaissance des plans
à la chancellerie du Consulat général Imp. Roy. d'Autriche, à Paris,
rue Laffitte, 21, tous les jours, de 9 heures du matin à 5 heures du soir.

Prix : 4 *de* 10,000 *fr.,* 4 *de* 5,000, 4 *de* 2,500.

Clôture du concours et dernier délai pour la remise des projets, — le
1er septembre 1869, à midi.

L'Administrateur : Charles Vincent & Cᵉ.

1404. Imprimerie Parisienne, Dufour et Cᵉ, impasse Bonne-Nouvelle, 5

PARIS
ARCHITECTE

REVUE MENSUELLE ILLUSTRÉE

FONDÉE EN 1865

et dirigée par

E.-F. LE PREUX

ARCHITECTE

1er DÉCEMBRE 1868

—

SOMMAIRE

—

LE CABINET DE SULLY
(*Bibliothèque de l'Arsenal*)

—

Ce fut en qualité de grand maître de l'artillerie que Sully fit, pendant tout le temps de son ministère, sa demeure ordinaire à l'Arsenal. Il y occupait un petit corps de logis construit en encorbellement sur les anciens murs d'enceinte, où se trouvait la tour de Billy, que le feu du ciel avait presque entièrement démolie en 1538, et qu'une explosion de la poudrière acheva de détruire en 1563.

Charles IX avait fait reconstruire sur un plus vaste plan les bâtiments atteints, et Henri IV fit établir le jardin de l'Arsenal.

L'appartement occupé par Sully était vaste; mais en 1718 le régent imagina de détruire l'Arsenal, délaissé depuis que Louis XIV avait ordonné de construire désormais les arsenaux aux frontières du royaume, et, sur les dessins de Germain Boffrand, l'Arsenal fut réédifié en partie, à l'exception de la portion des bâtiments où se trouvait le cabinet dit de Sully; c'était là que Henri IV se plaisait à travailler aux affaires de l'État, en compagnie de son fidèle ministre.

Il passait des heures entières dans ce cabinet, assis sur une petite chaise basse faite exprès pour lui.

Le cabinet se composait de deux pièces, le salon et le cabinet proprement dit.

Mais en 1634 le marquis de La Meilleraye succéda à Sully dans ses fonctions de grand maître de l'artillerie, et après avoir épousé mademoiselle Marie de Cossé-Brissac, il vint à son tour habiter l'Arsenal, fit approprier ces deux pièces à son usage, et les décora à nouveau : ainsi l'ancien salon fut converti en chambre à coucher et le cabinet fut coupé en deux par une cloison qui le divisa en oratoire et en petit salon. Ces deux pièces communiquaient entre elles par une porte, mais elles avaient encore chacune une sortie sur les ruelles de la chambre à coucher, comme l'indique un plan du dix-huitième siècle existant dans les collections de la bibliothèque créée à l'Arsenal par le marquis de Paulmy d'Argenson.

En 1866, le petit corps de bâtiment, ainsi que les derniers vestiges de clôture du vieux Paris, disparurent pour l'achèvement de l'aile gauche de la façade de la bibliothèque.

Mais avant que les premières pierres tombassent sous la pioche des démolisseurs, les architectes avaient eu soin de relever les plans et les dessins des boiseries qui formaient la décoration du cabinet de Sully, et purent le recomposer avec une exactitude scrupuleuse dans une portion des nouveaux bâtiments réservés à cet effet sur la façade encore masquée par des masures qui doivent disparaître prochainement.

On doit à l'initiative de M. de Cardaillac, directeur des bâtiments civils au ministère de la maison de l'Empereur et des beaux-arts, cette intelligente restauration, qui fut accomplie sous la direction de MM. Théodore Labrouste et F. Le Blanc architectes.

Elle est parfaitement réussie et offre, comme on va le voir, un spécimen très-exact de l'art décoratif au dix-septième siècle.

(*La suite au prochain numéro.*)

LE CAS DE M. DANIEL RAMÉE.

M. Daniel Ramée est l'auteur d'un volume intitulé : « *l'Architecture et la Construction pratiques,* » un curieux ouvrage, en vérité, qui, publié en 1868, consacre de longs chapitres à l'emploi des pilotis et ne dit pas un traître mot des planchers et de la construction en fer, que sans doute, M. Ramée trouve moins pratiques.

Ajoutez à ce bagage littéraire nombre de pâteux articles sur l'architecture; lisez-en quelques lignes, et sans aller plus loin, vous serez fixés sur la valeur de cet architecte.

Or M. Ramée, après toutes les critiques plus ou moins douces, plus ou moins sincères, soulevées par l'œuvre de M. Garnier, vient ajouter une note (1) à ce concert des jalousies et des espoirs déçus.

J'ai, dans un dernier numéro de *Paris-Architecte*, déploré le discrédit que certains architectes jettent sur l'architecture ; M. Ramée en donne un terrible exemple : il éreinte l'Opéra avec une violence impitoyable.

Après avoir déclaré que *ce monument n'a rien dit à son âme, a laissé son sentiment à jeun*, il refuse à M. Garnier toute espèce de génie, voire même de talent (2) ; il trouve tout absurde et raté, en s'appuyant sur des raisonnements comme ceux-ci, que dans toute façade *il faut un soubassement, une partie formant enclos, et enfin une partie couvrante*, toutes choses qu'il ne trouve pas dans l'Opéra, pas plus que *l'ordre, l'articulation, le mouvement et la vie!...*

Comprenez-vous un pareil gâchis?...

Il termine enfin en disant que *l'œuvre capitale d'architecture du second empire fixera l'attention comme on regarde un éléphant parce qu'il est grand, ou un chameau parce qu'il a une bosse sur le dos.*

Que dire de plus?... c'est bouffon et c'est triste!...

E.-F. Le Preux.

---

(1) Article sur le nouvel Opéra, publié dans le journal *le Palais*.

(2) Je dois dire ici que même les adversaires de M. Garnier lui reconnaissent un grand talent.

L'Administrateur : Charles Vincent & Ce.

1422. Imprimerie Parisienne Dufour et Ce, impasse Bonne-Nouvelle, 5

PARIS

ARCHITECTE

REVUE MENSUELLE ILLUSTRÉE

FONDÉE EN 1865

et dirigée par

E.-F. LE PREUX

ARCHITECTE

1ᵉʳ JANVIER 1869

—

SOMMAIRE

Messieurs et chers Confrères,

Attention, je vous prie, c'est la Vie parisienne *qui passe et décoche à chacun de vous un formidable coup de plume :*

« ....En architecture, même gâchis. Tous les goûts trouveront à se satisfaire. On achève de tous côtés; il semble qu'on ait peur de ne pouvoir finir avant que l'œuvre soit démolie; églises, Saint-Augustin, la Trinité; théâtres, Vaudeville, Opéra nouveaux; à la vieille Notre-Dame il fallait bien qu'on touchât un peu, ne fût-ce que pour la rajeunir.

TROISIÈME ANNÉE.   Nᵒ 8.
"

« En vérité, elle n'avait plus l'air à la mode, sous les couches noires et poudreuses que les siècles avaient déposées là; aujourd'hui, sur la façade, un régiment de saints trop grands, bien roides, bien égaux, une longue file uniforme symétriquement rangée; les jours de fête ils manœuvreront comme les soldats de bois; on n'a pas encore nettoyé la devanture à la vapeur; mais l'ordonnance de police est là; on y viendra.

« A l'intérieur, exquise propreté, nuances à la mode ! Enfin, la voilà blanchie, frottée, regrattée; plus de demi-jours mystérieux; plus de ces débris entassés qu'avaient laissés traîner là des générations passées en prières; non, non, après le balayage, les halles ne sont pas plus pures ! des vitraux en chicorée tendre et des jours crus rebondissant durement sur la pierre grattée; des chapelles latérales nettoyées, déblayées, replâtrées, vides, sèches et nues, teintes de toutes les couleurs du jour : du café au lait falsifié au chocolat de contrefaçon; toutes les nuances de l'indigestion s'y trouvent; par-ci par-là, des olives délayées et du saumon malade.

« Le tout peint à deux couches et bon teint; nous sommes dans le siècle de l'honnêteté. Sur les fonds vert Metternich, lie de vin ou Bismarck fané, ô pieuse recherche, archaïque naïveté, le peintre en bâtiment, qui fumait sa pipe, a dévotement semé, de loin en loin, un artichaut mystique à trois feuilles, symbole de... de quoi? le savez-vous? plus loin, une feuille — est-ce une feuille? — ornée de son pédoncule, et l'artichaut symbolique, immuable, alterne religieusement avec la feuille, toujours identique, orientée de la même façon. Enfin sur les cymaises, avec une sobriété non moins exquise et raffinée, un rond d'une idéale pureté se mêle à des losanges ineffables.

« Foin des vieux autels sculptés, fouillés, chargés de pré-
cieuses et antiques dentelles, de bijoux sacrés ! Ici, un lot
d'autels en plâtre, en style de monument à perpétuité, bien
froid, bien nu ; pour ornement un pan coupé coloré en
rouge ; là-dessus, là-dessus... qu'est-ce que c'est ?... une ser-
viette ?... non, une petite nappe trop courte ; et devant le ta-
bernacle un maigre rideau rouge plissé à la façon des orgues
de Barbarie, mes amis...

« Mes frères, veux-je dire ; oui, mes frères, la foi commence
à repousser probablement. Ces derniers temps, nos croyances
tombaient une à une ; aujourd'hui le moyen âge ne nous
suffit plus, on n'y avait pas assez de piété ; je ne parle pas des
autres siècles : les Mérovingiens peut-être avaient du bon,
car ils nous fournissent des modèles de lustres ; mais rien ne
vaut le byzantin. Les Byzantins, monsieur, ont seuls connu
la vraie foi : les moines, le mont Athos, les ascètes ! Ah !
comme nous ressemblons à ces gens-là ! Viennent les trian-
gles hiératiques dorés en appliques sur la muraille froide,
les roides images, les cercles mystiques, les symboles inven-
tés par des esprits apocalyptiques, voici que nous commençons à nous comprendre. — Symbole de qui, encore une fois,
de quoi ? — Nous ne savons ; mais ce sont des symboles.
Vous ne comprenez pas ? Tant mieux, l'artichaut n'en est
que plus mystique, soyez-en sûr.

« L'étrusque, antérieur à notre ère, nous ne pouvions y re-
monter, et je le regrette pour ma part ; il est à la mode et il y
avait chez lui des carrés dont on eût pu tirer parti. Mais on a
agi décemment en n'en faisant point usage ; c'est signe de
goût dont il faut féliciter l'architecte.

« Il pouvait aussi se laisser entraîner à peindre ses colonnes
en mirlitons religieux, comme dans telle autre église que

vous connaissez ; à la rigueur, avec quelques devises tirées des livres orthodoxes, et qu'on eût enroulées avec art, on pouvait en tirer un effet nouveau et, tout en distrayant le pécheur, le ramener à de bons sentiments ; mais les autorités n'en font pas mention, laissons les devises.

« Une autre école a suivi une voie opposée. Tout peut se concilier quand le but est le même ; le quartier l'exigeait, du reste. A la Chaussée-d'Antin, comme aux nouveaux boulevards, on n'a rien épargné ; on nous élève des pendules en bois durci, ornées d'agréments d'acier ; un peu d'albâtre et d'onyx, c'est la mode ; du gothique, du hollandais, de la renaissance, du chinois, un jet d'eau, des pelouses et des bancs Tronchon,—que fait-on de plus à l'avenue de l'Impératrice ?

« Voilà qui est bien ; pourvu maintenant que l'intérieur réponde à l'extérieur. Je voudrais, — j'ai du reste pleine confiance dans le tapissier de l'église, — je voudrais que l'ameublement suivît le goût du jour : des fauteuils de luxe, bois dorés, satins brochés à deux couleurs, par exemple ; des chaises simples, légères, mais élégantes, de simple laque dorée ; quelques jardinières Louis XV rappelant les fauteuils, des suspensions de fleurs, quelques lustres ; que Saint-Augustin, qui n'est, après tout, pas le premier venu, se montrât digne de son rang en renouvelant de temps en temps son mobilier ; que la Trinité parût autre chose qu'un ménage de trois vieux garçons.

(*La suite au prochain numéro.*)

L'Administrateur : CHARLES VINCENT & Cᵉ.

1546. Imprimerie Parisienne, Dufour et Cᵉ, impasse Bonne-Nouvelle, 5

PARIS
ARCHITECTE

REVUE MENSUELLE ILLUSTRÉE

FONDÉE EN 1865

et dirigée par

E.-F. LE PREUX

ARCHITECTE

1er FÉVRIER 1869

SOMMAIRE

LE CABINET DE SULLY

(Suite et fin)

Les dispositions intérieures des deux pièces sont à peu près ce qu'elles étaient jadis; quant aux peintures décoratives, les panneaux de soubassement ornés d'oiseaux, d'arbustes et de fleurs d'un très-bel effet et d'un grand faire, ainsi que le célèbre petit tableau si curieux de l'entrée d'Henri IV à Paris, sont intacts. (On sait que dans ce tableau les ligueurs essayent de s'opposer à l'entrée du roi, et sont jetés à la Seine par les huguenots.)

TROISIÈME ANNÉE.   N° 9.

Des cariatides d'une grande élégance, qui rappellent l'école de Fontainebleau et contrastent fort avec les cartouches lourds et incorrects qu'elles supportent sont intactes, des traces visibles de peintures sous-jacentes existent aussi ; mais ce qui frappe plus particulièrement le regard, c'est la différence du style et des époques entre les divers ornements.

Cela s'explique facilement : chaque locataire du logis l'orna à sa guise, et il y avait si peu de corrélation entre les goûts de chacun d'eux !

Fier de sa gloire militaire, le marquis de La Meilleraye avait fait peindre des batailles sur les panneaux : ici, la prise de la Rochelle, là, celle d'Hesdin ; le blason de ses armes occupe le panneau principal du plafond, peint par Vouet, et ce blason est soutenu par Apollon et les Muses, qui le couronnent de lauriers. Lui même se fit représenter, ainsi que son beau-père, le duc de Cossé, en costume d'empereur romain.

On croirait que toutes ces peintures ont été faites les unes après les autres, au fur et à mesure que la fortune ou la gloire augmentait chez les successeurs du confident d'Henri IV.

La pièce désignée sous le nom d'oratoire, à cause du caractère religieux des peintures des trois caissons du plafond, et aussi parce qu'elle servit en partie à cet usage pour madame de La Meilleraye ; cette pièce, disons-nous, offre une fort jolie décoration.

Aux extrémités du plafond, des cartouches représentent des emblèmes et des sujets religieux ; au centre on voit une peinture : *la Religion triomphante*. Dans la partie supérieure du pourtour de cette pièce existe une galerie due à une adroite flatterie du sévère ministre, qui voulut rendre hommage aux femmes fortes de l'histoire sainte et profane.

Auprès des portraits de Sémiramis, de Judith, de Deborah, d'Antiope, de Lucrèce, de Bérénice, de Jeanne Darc, d'Esther, de Porcie, etc., se trouve celui de Marie de Médicis; plus tard on y ajouta la maîtresse du lieu, madame de La Meilleraye, sous le nom et le costume de Marie Stuart.

Dans la partie inférieure, entre les pilastres ioniques, d'un style excellent et sévère, des panneaux ornés de sujets divers, d'arabesques, d'amours, d'entrelacs et de guirlandes de fleurs, et au centre l'écu et le chiffre de La Meilleraye.

Tout cela replacé, recomposé, sous une direction des plus habiles, forme un ensemble qui constitue aujourd'hui une des curiosités les plus intéressantes de Paris par les souvenirs historiques qui s'y rattachent. Il y a trente ans déjà qu'Alexandre Duval, de l'Académie française, appelait l'attention sur le cabinet de Sully, en disant : « Il me suffit seulement d'avoir prouvé que cette ancienne habitation si dédaignée des amateurs de l'architecture, inconnue peut-être à la moitié de Paris, est plus riche de souvenirs politiques et historiques que tant de superbes palais qui disent peu de chose à l'esprit et presque jamais rien au cœur. »

H. Gourdon de Genouillac.

CRITIQUES
(Suite et fin)

« Quand on veut recevoir du monde, et du meilleur, il faut se mettre à son ton et le recevoir convenablement. Que diriez-vous de ces demoiselles, si elles s'avisaient de conserver leurs splendeurs en acajou solide ou en chêne timide du règne dernier? Personne n'y mettrait le pied ; on croirait à leur décadence ou à leur ruine. Pour être quelque chose il faut paraître bien davantage, qui l'ignore?

« Que diable, le céleste époux doit, avant tout, être bien meublé. Si vous voulez qu'une femme, l'âme la plus tendre, la plus remplie de la divine ardeur, se jette dans les bras de l'époux divin avec amour, avec un entier abandon et sans regret mondain, mettez des tentures sur les murailles humides, des tapis sur les dalles boueuses ; enveloppez-la dès l'entrée d'une tiède atmosphère, de parfums choisis ; une chaumière et un cœur, qui les prend au sérieux ? Une grange et la foi auraient moins de succès encore, entre la Madeleine et Notre-Dame de Lorette.

« École byzantine ou style de tapissier, le goût moderne accepte et comprend tout. Les pâtissiers, les confiseurs, les marchands de joujoux n'ont-ils pas travaillé de leur côté au nouvel Opéra ? Caramel, sirops congelés, glaces panachées, tourtes, brioches, sucres de pomme, théâtres d'enfants, enluminures bariolées, clinquants, têtes de caoutchouc ; qu'est-ce qu'il y manque ? Quelques roses en papier, peut-être, qu'on n'a pu poser cette année, puisque l'architecte ne dispose, dit-on, que d'un million par an ; mais nous les verrons sans doute l'an prochain, et ce sera le couronnement de l'édifice.

« Encore un coup d'œil sur l'architecture du boulevard Haussmann ou des rues percées fraîchement ? Nous aurions trop à faire en vérité et c'est de quoi tourner la tête au plus solide : grecque, romaine, italienne, arabe, moresque, égyptienne, flamande, style Louis XIV, du dix-huitième siècle, de la renaissance, du moyen âge, étrusque au besoin, chinoise si l'on veut, notre école n'aura rien créé peut-être, mais elle a, sans contredit, tout imité. » (*Vie Parisienne.*)

L'Administrateur : CHARLES VINCENT & Cᵉ

1546. Imprimerie Parisienne, Dufour et Cᵉ, impasse Bonne-Nouvelle, 5

PARIS
ARCHITECTE

REVUE ILLUSTRÉE FONDÉE EN 1865

Paraissant le 1ᵉʳ et le 15 de chaque mois

DIRECTEUR-FONDATEUR

E.-F. LE PREUX

1ᵉʳ MARS 1869

—

TABLETTES DE L'ARCHITECTE

—

SOMMAIRE

Texte : Avis important. — Le prix de 100,000 fr. — L'Hôtel-Dieu. — Explication de nos gravures.

Gravures : Pl. XIX. Couronnement en marbre. — Pl. XX. Tombeau dans la cathédrale de Florence.

AVIS IMPORTANT.

A dater de ce jour, la Revue : *Paris-Architecte* paraîtra deux fois par mois.

Sans rien changer à la forme et à la composition de ses livraisons du 1ᵉʳ, cette Revue donnera le 15 de chaque mois un numéro supplémentaire de huit pages de texte à deux colonnes, plus spécialement consacré à l'art de bâtir; ces numéros supplémentaires deviendront véritablement les *Tablettes du constructeur*.

Nous appelons l'attention de nos lecteurs sur le 1ᵉʳ numéro

TROISIÈME ANNÉE.

de ce supplément ; ils y trouveront l'exposé des questions que nous y traiterons, les noms de nos principaux collaborateurs et un avis important relatif à la fondation d'un comité de consultation.   La Direction.

Malgré ce supplément important, le prix de souscription à Paris-Architecte reste toujours fixé à 10 fr. par an pour Paris et 12 fr. pour les départements.

LE PRIX DE CENT MILLE FR.

C'est cette année que le prix de 100,000 fr., fondé par un décret impérial de 1864, et qui doit être décerné tous les 5 ans, sera donné à l'auteur d'une grande œuvre d'Architecture, de Peinture ou de Sculpture.

Au sujet de ce prix, je trouve dans le *Figaro* quelques lignes de M. Edouard Lockroy qui ont bien quelque justesse :

« …La plus belle œuvre du salon sera récompensée. Que ce soit un monument, un tableau, une statue, peu importe. Le jury sera donc forcé de comparer les statues aux tableaux et les tableaux aux édifices. Tâche bien difficile, il me semble ! Je me représente, au moins, l'embarras d'un juré quand on lui dira, par exemple :

— Vous avez à choisir entre la Vénus de Milo et un projet de *water closet.*

. . . .

Je crois qu'il est bien maladroit d'encourager les artistes Les vrais artistes n'ont pas besoin d'encouragements, et nous, nous n'avons pas besoin qu'on encourage les artistes médiocres. Je crois que si l'on pouvait décourager les médiocres, on rendrait à l'art un grand service. Je propose donc à l'Etat de donner, tous les ans, un prix de dix mille fr. (au lieu d'un prix de cent mille fr. tous les dix ans).

A LA PERSONNE
QUI PROUVERA QU'ELLE A RENONCÉ AUX ARTS. »

L'Hôtel-Dieu

.... Il paraît que rien n'est négligé pour que cet hôpital soit le foyer le mieux réussi de pestilence et de contagion.

*
* *

L'ancien Hôtel-Dieu, bien que situé sur le bord de la Seine, recevant le soleil du Midi sans obstacle, luttait encore contre les miasmes. Le nouvel hôpital sera placé surtout au Nord et fort abrité du soleil qui l'animerait et l'assainirait.

Mais eût-il tous les jardins d'Armide, tous les soleils de l'Orient, eût-il même à l'intérieur ces bouches de parfums que le sybaritisme de M. le Préfet place dans les loges du Vaudeville, qu'il ne lutterait pas contre l'effet désastreux de l'agglomération.

La saine pratique de l'hygiène constate qu'au-delà de 100 lits, les hôpitaux deviennent des foyers de contagion. Le nouvel Hôtel-Dieu en contiendra huit cents! Eh bien! malgré les moyens de ventilation, en dépit de la science, de l'industrie, de toutes les précautions imaginables, ces huit cents malades sont les éléments d'un danger terrible et permanent.

*
* *

Je n'insiste pas. Il me serait possible de trouver des exemples dans les hôpitaux mêmes qui existent; j'en appelle aux médecins, aux gens raisonnables. Cette concentration formidable de malades, au cœur de la ville, n'est-elle pas de toute façon une épreuve dangereuse et inutile?

Il viendra un temps cù des chemins de fer transporteront, sans plus de fatigue que les civières, les malades dans des hôpitaux salubres, bâtis à tous les points de la campagne de Paris, sur ces hauteurs qui sont des indications naturelles. On n'entretiendra plus dans l'enceinte que des dispensaires, des cliniques, des maisons de secours pour les cas urgents....

(La Cloche.)   Louis Ulbach.

EXPLICCATION DE NOS GRCAVVRES

PLANCHE XIX

Couronnement en marbre.

Ce couronnement en marbre a été rapporté d'Italie par M. F... de H... Il est d'une hauteur de 0,40 cent., — et dans un bon état de conservation. M. de H.... l'attribue à Alexandre Victoria, sculpteur vénitien, auteur de la statue de saint Zacharie, placée au-dessus de la porte de cette église à Venise.

Sans rien avancer, ni rien affirmer à ce sujet, nous faisons remarquer la grâce et l'élégance de cette composition.

PLANCHE XX

Cathédrale de Florence.

Croquis de voyage, représentant un tombeau placé à l'intérieur de cette cathédrale.

L'Administrateur : Charles Vincent & C⁰.

1878. Imprimerie Parisienne, Dufour et C⁰, impass. Bonne-Nouvelle, 5

TROISIÈME ANNÉE   MARS 1869

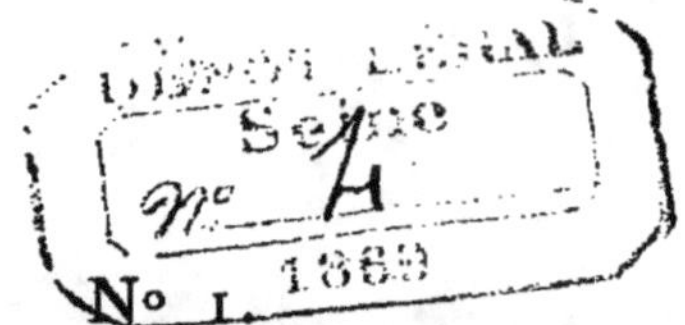

PARIS-ARCHITECTE

REVUE ILLUSTRÉE FONDÉE EN 1865

Paraissant le 1er et le 15 de chaque mois

<table>
<tr><td>Directeur-Fondateur :

É.-F. Le Preux.</td><td>Rédacteur en Chef :

Fleury-Flobert.</td></tr>
</table>

ADMINISTRATEURS : CHARLES VINCENT ET Cᵉ

Tablettes du Constructeur

Adresser franco :

Toutes communications relatives à la Direction, à M. E. F. LE PREUX, *Faubourg-St-Honoré,* 3. *Paris;*

Celles relatives à la rédaction, à M. F.-FLOBERT, *boulevard St-Michel,* 7, *à Paris. Le Rédacteur en chef y est visible tous les lundis et vendredis de 8 à 10 heures;*

Et tout ce qui concerne l'Administration, à M. CHARLES VINCENT, *Faubourg-St-Honoré,* 3, *à Paris.*

A NOS LECTEURS

Pourquoi un texte? me dirent nombre d'Architectes, lorsque je voulus fonder *Paris-Architecte;* évitez ces longues tartines renouvelées des Grecs et des Romains, et que personne ne lit.

Joignez simplement à vos gravures quelques lignes dans lesquelles vous les expliquerez; quand l'occasion s'en présentera, condensez en quelques mots une nouvelle, un compte rendu d'un concours, d'une exposition, et ces quelques lignes suffiront à nous mettre au courant des faits qui nous intéressent.

Ainsi je fis; mais dans ce texte si court, je publiai des faits, des articles inédits et curieux : certaines personnes étrangères à l'Architecture se sont abonnées à *Paris-Architecte* pour son texte.

Mais ce texte, que l'on trouve nul et inutile dans maintes revues d'Architecture, m'est demandé plus important; je cède à un désir aussi flatteur, et j'ajoute à *Paris-Architecte* un supplément de 8 pages.

Ce premier point décidé, il fallait aviser aux moyens pratiques. Le supplément occasionnera des frais considérables : faut-il augmenter le prix de l'abonnement? Non pas, me dit notre Administrateur; si nous apportons dans nos colonnes un surcroît d'intérêt et d'utilité, nous récolterons, il n'en faut pas douter, un surcroît d'abonnements. Donnons ce supplément gratis.

Restait le choix d'une rédaction : M. F.-Flobert, Rédacteur du *Bâtiment* et du *Moniteur des Travaux publics,* était des plus autorisés pour être Rédacteur en chef : c'est avec son aide que j'ai réuni des Architectes et des Écrivains spéciaux qui feront, j'en suis sûr, notre rédaction utile et remarquable.

Le Directeur :
E.-F. LE PREUX.

En acceptant le titre de Rédacteur en chef, je ne me suis pas dissimulé les difficultés qui incombent à cette délicate fonction : j'aurai à compter avec bien des susceptibilités, la tâche ne m'effraie pas, tous mes efforts tendront à faire bien; j'aborderai dans nos colonnes ce qui est utile, ce qui est agréable, j'y passerai tout en revue : Questions du jour, Questions techniques, Sous-détails, Jurisprudence. Beaux-Arts, Expositions, Concours, Industrie du Bâtiment, Inventions diverses, Bibliographie, Nécrologie, Faits divers, Cours des métaux et de la propriété foncière, Critiques, etc., etc., et un peu d'Archéologie.

De concert avec M. Le Preux, j'ai choisi une rédaction compétente et spéciale, plusieurs de nos collaborateurs sont avantageusement connus, sept d'entre eux sont rédacteurs du journal *le Bâtiment,* ce sont MM. J. PÉRIN, *avocat, docteur en droit;* F. LIGER; S. FERRAND; A. FOULHOUX; A. OSSELIN, *architectes; F. Cousin* et *Lemoine,* puis avec eux : MM. *Jukin, Frièse* et *Pascal-Lafont.*

Comme on le voit, le succès de notre rédaction est assuré.

A cette liste de noms qui n'est pas encore close, viennent s'adjoindre d'autres jurisconsultes et spécialistes qui constituent notre comité de consultation, dont les avis sont à la disposition de tous nos abonnés.

Le Rédacteur en chef.
F.-FLOBERT.

10 *bis.*

QUESTIONS DU JOUR

INSTRUCTION
SUR LA TAXE DES HONORAIRES ET FRAIS DANS LES EXPERTISES

Le Président du Conseil de Préfecture de la Seine, Commandeur de la Légion d'honneur, etc.

Vu la loi du 28 pluviôse an VIII, art. 4 ; — la loi du 16 septembre 1807, art. 56 et 57 ; — la loi du 21 mai 1836, art. 17 ; — la loi du 21 juin 1865, art. 14 ; — le décret du 12 juillet 1865 ; — le Code de procédure civile, art. 319 ; — le décret du 22 juillet 1806 sur la procédure devant le Conseil d'Etat, art. 41, 42, 43, 45, 46, 47 et 48 ; — le tarif des frais et dépens du 16 février 1807, art. 151, § 5, 159 et suivants ; l'ordonnance du 18 janvier 1826, portant tarif des dépens devant le Conseil d'Etat ; — l'arrêté du Conseil des bâtiments civils, du 12 pluviôse an VIII ; — l'ordonnance du 10 octobre 1841, art. 15 ; — les lois du 7 messidor an II et du 13 brumaire an VII ; — l'arrêté préfectoral du 7 juin 1841, concernant les levées de plans, descriptions de lieux et estimations de propriétés ;

Considérant qu'à défaut de règlement législatif sur la taxe des dépens, il importe de déterminer d'une manière précise et uniforme les bases de taxation des frais et honoraires des experts chargés de procéder aux expertises dans les affaires dont le Conseil de préfecture est saisi ;

Qu'il y a un avantage sérieux à ce que cette taxation soit faite par ordonnance du Président, suivant le principe posé dans l'art. 319 du Code de procédure civile, et l'art. 15, § 8, de l'ordonnance du 10 octobre 1841 ; qu'en effet, si la taxation était faite dans la décision rendue sur le fond, les experts seraient forcés d'attendre la fin du procès pour poursuivre le payement de leurs frais et honoraires ; que ce retard serait encore augmenté beaucoup, si l'une des parties attaquait la décision du fond au moyen d'un pourvoi devant le Conseil d'Etat ; enfin, que la liquidation ne peut être discutée et attaquée par les experts qui sont intéressés à cette taxation, qu'au moyen d'une tierce-opposition compliquant le procès principal ; qu'au contraire, lorsqu'elle est faite séparément et par ordonnance du Président, il est ouvert aux parties et aux experts un même recours par la voie de l'opposition, suivant l'art. 6 du deuxième décret du 19 février 1867 et les art. 4 et 5 de l'ordonnance du 18 janvier 1826, à l'effet d'en discuter, s'il y a lieu, les éléments ;

Considérant qu'il convient d'arrêter, d'après les lois et tarifs ci-dessus visés, la composition des mémoires de frais et honoraires, quant aux opérations qui y peuvent être comprises, ainsi que le nombre de vacations auxquelles les experts ont droit, eu égard au temps nécessaire pour chaque opération et aux difficultés qu'elle comporte ; que malgré l'extrême variété des expertises et des rapports auxquelles elles donnent lieu, il y a néanmoins, à l'égard de chaque opération, des règles d'appréciation commune qui doivent être observées, sauf à tenir compte à part des cas extraordinaires et des difficultés exceptionnelles ;

Arrête :

Art. 1er. — La liquidation des frais et honoraires des experts se fera sur les mémoires produits par les experts ou mis au pied de leur rapport. Si les experts n'ont pas produit leur mémoire et que l'une des parties demande la taxe de l'expertise, elle devra en produire le décompte sur lequel le Président fera la taxe.

Art. 2. — Les mémoires de frais et honoraires des experts comprendront, à titre réglementaire, les articles et opérations qui suivent :

1° Prestation de serment ; — 2° visite des lieux ; — 3° conférence et étude de l'affaire ; — 4° rédaction du rapport ; — 5° copie du rapport et des pièces jointes ; — 6° plans des lieux ; — 7° devis des travaux ; — 8° dépôt du rapport d'expertise ; — 9° frais et déboursés.

Dans le cas où le mémoire de l'expert présenterait une autre division de ses opérations, travaux et frais, la liquidation en serait faite suivant la composition réglementaire déterminée par le paragraphe précédent. A cet effet, le liquidateur réunira ou divisera les divers articles du mémoire pour les rattacher aux opérations réglementaires auxquelles ils appartiennent par leur nature.

Art 3. — La liquidation des mémoires d'expertise sera faite d'après les règles et les conditions suivantes :

1° *Opérations ou frais inutiles.* — Toute opération (copie de pièces, plans, devis de travaux, dépenses, voyage, etc.), ne présentant aucune utilité, soit pour l'étude de l'affaire, soit pour l'intelligence du rapport, doit être rejetée de la taxe.

2° *Frais divers.* — Les frais divers, tels que ceux du papier timbré, ports de lettres, achats de documents, seront comptés au prix de revient ; tout achat excédant le chiffre de 25 fr., doit être appuyé d'une quittance. Les experts ne peuvent rien réclamer pour s'être fait aider par des écrivains ou par des toiseurs et porte-chaînes, ni sous quelque autre prétexte que ce soit. Ces frais, s'ils ont eu lieu, étant implicitement compris dans la taxe des vacations, resteront à leur charge (art. 15, § 7, de l'ordonnance du 10 octobre 1841).

3° *Frais de voyage.*—Les frais de voyage sont évalués suivant les prescriptions des art. 160 et 161 du tarif du 16 février 1807. Néanmoins, il pourra être alloué des frais de voiture pour la visite des lieux, quand le transport se fait à une distance inférieure à deux myriamètres.

4° *Vacations.*— Chaque vacation de 3 heures donne droit à une allocation de 8 fr. (art. 159 du tarif du 16 février 1807, et arrêté du Conseil des bâtiments civils du 12 pluviôse an VIII, confirmé par ordonnance du 10 octobre 1841).

Il n'est passé aux experts que trois vacations par jour, quand ils opéreront dans le lieu de leur résidence, et quatre quand ils opéreront hors de leur résidence (art 151, n° 5, et 161 du tarif du 16 février 1807). Le maximum des vacations par jour sera de quatre.

5° *Prestation de serment et dépôt du rapport.* — Il sera alloué à chaque expert une vacation pour la prestation de serment, et une vacation pour le dépôt du rapport (art. 162 du tarif du 16 férier 1807, et 15 de l'ordonnance du 10 octobre 1841).

6° *Visite des lieux.*—Pour les affaires simples dans lesquelles la vérification contradictoire des faits sera facile, on doit admettre une ou deux visites des lieux seulement. Chaque visite compte pour une vacation si elle a duré trois heures, y compris le temps nécessaire pour l'aller et le retour, et pour deux vacations si elle a duré six heures. On y ajoutera, s'il y a lieu, les frais de voiture comptés pour deux courses par visite des lieux, une pour l'aller et une pour le retour.

7° *Etude des affaires.* — Les visites des lieux, les relevés sur place, les travaux de plans, le dressement des devis, la rédaction des rapports étant appréciés à part et donnant lieu à autant d'articles spéciaux de la taxe, l'étude de l'affaire ne doit, dès lors, comprendre que le travail de l'expert en son cabinet et les conférences avec son co-expert, soit pour entendre les parties et recevoir leurs communications, soit pour discuter les documents produits et les avis de chaque expert sur les questions que présente l'affaire.

Les bases d'appréciation pour le nombre des vacations ainsi employées à l'étude de l'affaire varient nécessairement suivant les espèces, les circonstances et les difficultés particulières révélées par l'expertise elle-même ; toutefois, il résulte d'observations nombreuses que l'étude proprement dite d'une affaire comporte, en moyenne, un tiers en plus du temps nécessaire pour la rédaction du rapport, sauf les cas et circonstances exceptionnels constatés dans le rapport des experts ou dans leur mémoire d'honoraires. Il sera donc alloué aux experts, pour étude de l'affaire, le même nombre de vacations que pour la rédaction du rapport plus un tiers en sus.

Si la rédaction du rapport a été développée outre mesure, soit par de longs détails, soit par la prolixité du texte, le nombre des vacations pour l'étude de l'affaire sera réduit dans la proportion de ce qu'aurait donné un rapport plus concis et ne contenant que les détails indispensables.

8° *Rédaction des rapports.*—La rédaction du rapport des experts comporte, approximativement et en terme moyen pour chaque page (25 lignes et 12 syllabes à la ligne), le travail d'environ une heure, soit une vacation pour trois pages, formant un rôle et demi (1). Si le texte du rapport comprend plus de 25 lignes à la page et plus de 12 syllabes à la ligne, où s'il en contient moins, l'étendue de la rédaction sera ramenée à la base réglementaire, en prenant une moyenne sur plusieurs pages et plusieurs lignes prises au hasard.

Dans les affaires d'une difficulté exceptionnelle, il sera alloué une vacation de trois heures par rôle de deux pages. Il en sera de même dans les affaires simples et ordinaires, pour toutes les parties du rapport qui présenteraient un travail d'une difficulté exceptionnelle.

Quand le rapport a été rédigé en commun, c'est-à-dire simultanément et d'accord par les experts, chacun d'eux a droit au nombre des vacations affectées au travail de la rédaction, puisque chacun y a consacré le même temps.

Quand les avis sont séparés, il est tenu compte à chaque expert, tant du travail pour la rédaction de son avis particulier, que du travail pour la rédaction des parties du rapport rédigées en commun et d'accord.

9° *Mise au net des rapports.* — Pour la mise au net et la copie des rapports, il sera alloué un franc par rôle de deux pages ayant 25 lignes à la page et 12 syllabes à la li-

---

(1) Les articles 72, 73, 74 et 75 du décret du 16 février 1807, portant tarif des frais en matière civile, n'allouent aux avoués que 2 fr. par rôle pour la rédaction des requêtes dans les instructions par écrit ; mais il a paru que la rédaction du rapport d'expert, qui doit être très-concis et en termes techniques, donne lieu à une taxation plus élevée.

gne (1). Les allocations de mise au net et de copies de rapport communes aux experts doivent être partagées également entre eux, à moins d'indications spéciales fournies par les mémoires.

10° *Plans.* — Les levée et rapport de plan, description des lieux avec estimation de la propriété, donnent lieu aux allocations suivantes :

Pour tout terrain de 1 à 200 mètres de superficie, construit ou non construit, 5 vacations; pour chaque 100 mètres en sus, une vacation. (Cette vacation supplémentaire sera allouée pour la fraction qui excédera les derniers 100 mètres, à moins que cette fraction ne soit au-dessous de 25 mètres).

Pour les constructions à rez-de-chaussée de 1 à 100 mètres de superficie, 3 vacations ; pour chaque 100 mètres en sus, une vacation.

Pour un étage supérieur d'habitation, de 1 à 100 mètres une vacation; pour chaque 100 mètres en sus, une demi-vacation.

Au-delà de 100 mètres, il ne sera alloué de vacation supplémentaire, soit pour des rez-de-chaussée, soit pour des étages supérieurs, qu'autant que cet excédant serait d'au moins 25 mètres. (Arrêté préfectoral du 7 juin 1841).

11° *Devis.* — Les devis avec plan des travaux de raccordement ou de reconstruction, donnent droit à un demi pour cent du montant du devis. (Arrêté préfectoral du 7 juin 1841).

12° *Copie de plans.* — Les copies de plans au trait, pochées, cotées, pourvues de légendes et d'indications à l'échelle de 0 m. 01 par mètre, de 100 mètres à 200, donnent droit à 6 fr., et chaque 100 mètres en sus à 3 fr. Les plans tracés au crayon, non cotés, subiront une réduction de moitié sur lesdits prix (Tarif de la Direction d'architecture de la Ville de Paris).

13° *Copies de pièces.* — Pour la copie des pièces autres que les rapports, il sera alloué 50 c. par rôle quand les pièces auront été utilement produites. (Art. 6 du tarif du 18 janvier 1826).

Art. 4 — La liquidation de la taxe des mémoires d'experts sera préparée par le Secrétaire-Greffier, dans un rapport motivé suivant les règles de la présente Instruction, pour être, avec ses propositions, annexé au dossier.

---

(1) Il n'est alloué par rôle, pour ce travail, que 75 c. par les lois des 7 messidor an II et 11 brumaire an VII; que 50 c. par l'article 6 du tarif du 18 janvier 1826, et que 50 c. ou le quart de la taxe de rédaction, laquelle est de 2 fr., par le paragraphe 43 de l'article 75 du tarif du 16 février 1807. Mais il a paru que le travail d'un rapport d'expert présente parfois certaines difficultés techniques dont il faut tenir compte.

Art. 5. — L'ordonnance du Président du Conseil de Préfecture portant taxe sera transcrite au registre de ses arrêtés. Il sera donné avis du montant de la taxe aux parties intéressées et aux experts, et des expéditions leur en seront délivrées, s'ils les requièrent, dans la forme des décisions du Conseil de Préfecture.

Art. 6. — En cas d'opposition formée, soit par l'une des parties en cause, soit par l'un des experts, il sera procédé, suivant les règles ordinaires d'instruction établies en matière d'opposition, à la liquidation des dépens.

Fait à Paris, en l'Hôtel-de-Ville.

Le Président du Conseil de Préfecture de la Seine.

DIEU.

(*L'examen de cet arrêté est renvoyé au prochain numéro*).

QUESTIONS TECHNIQUES

DÉVELOPPEMENT DU ZINC

Pour un mètre superficiel de couverture, mesuré en œuvre, compris agrafures, reliefs couvre-joints de 0^m10 développé, pattes, gaînes et talons, il faut :

EN FEUILLE DE 0^m50 DE LARGEUR.

Zinc en superficie	1^m »
Pour agrafures sur la largeur	0 06
2^m00 de couvre-joints de 0^m10 développé	0 20
10 pattes d'arrêt et d'agrafe de 0^m10 sur 0^m04	0 04
Gaînes et talons, ensemble	0 05
Surface pour un mètre	1 35

EN FEUILLE DE 0^m65 DE LARGEUR.

Zinc en superficie	1^m »
Pour agrafures sur la largeur	0 05
1^m70 de couvre-joints de 0^m10 développé	0 17
7 pattes d'arrêt et d'agrafe de 0^m10 sur 0^m04	0 03
Gaînes et talons, ensemble	0 04
Surface pour un mètre	1 29

EN FEUILLE DE 0^m80 DE LARGEUR.

Zinc en superficie	1^m »
Pour agrafures sur la largeur	0 04
1^m40 de couvre-joints de 0^m10 développé	0 14
5 pattes d'arrêt et d'agrafe de 0^m10 sur 1^m04	0 02
Gaînes et talons, ensemble	0 03
Surface pour un mètre	1 23

F.-F.

JURISPRUDENCE SPÉCIALE

Construction entreprise à forfait. — Excédant de dépenses.

Lorsqu'un constructeur se charge de construire un édifice à forfait, c'est-à-dire moyennant une somme déterminée, la loi (C. Nap., art. 1793) met à sa charge les augmentations qui surviennent, quelle que soit leur cause, dans les frais d'exécution, à moins, toutefois, qu'il ne justifie d'une autorisation écrite des changements et augmentations. Le législateur a voulu, par cette disposition, protéger les propriétaires contre les entraînements de leurs Architectes (1).

L'espèce suivante (inédite) a fait l'application du texte précité à un Architecte, M. D., qui s'était chargé de l'exécution à forfait de la construction d'une maison de campagne, à élever, pour le compte de la demoiselle T., sur le terrain de celle-ci, à Orsay.

Il s'était engagé à faire faire toutes les fournitures et à faire exécuter tous les travaux par un entrepreneur général de son choix, et il avait fixé la somme de 41,900 francs comme *maximum* de la dépense; la propriétaire ne devait avoir rien à y ajouter, et la maison devait être livrée les clefs à la main.

« Le Tribunal :... Attendu que D., architecte, s'était engagé à faire exécuter les travaux par un entrepreneur général, pour un prix qui n'excéderait pas 41,900 fr., y compris les honoraires, fixés à 2,000 fr.;

· « Attendu que cet engagement n'a pas le caractère d'une entreprise personnelle des travaux, puisqu'il n'avait droit qu'à des honoraires fixés d'avance et que les bénéfices éventuels des travaux devaient être pour le compte de l'entrepreneur qui se chargerait de leur exécution ;

« Mais, attendu que D., en garantissant, par son engagement personnel, que le prix des constructions ne s'élèverait pas au-delà d'une somme déterminée, a commis une *erreur professionnelle*, dont il doit être responsable dans une mesure que le Tribunal peut apprécier;

« Attendu que, pour cette appréciation, il y

a lieu de tenir compte à D. de ce que les travaux devaient s'exécuter dans une localité à laquelle il était étranger; de ce qu'il lui a été impossible de se procurer un entrepreneur général pour un prix inférieur à 44,000 fr., et de ce que les constructions exécutées ont au moins cette valeur; qu'il y a lieu, en conséquence, de prendre cette somme pour point de départ et pour base de la responsabilité de D. ;

« Attendu qu'il faut ajouter à cette somme le prix des travaux supplémentaires ;

« Que l'expert en a fixé le montant à 12,955 fr.; mais qu'il y a compris par erreur une somme de 3,190 fr., qui doit être retranchée, ce qui en réduit le chiffre à 9,765 fr. ;

« Qu'il y a lieu également de tenir compte à D. des honoraires fixés par le marché à 2,000 fr., et d'une somme de 945 fr., qui lui était due pour d'autres causes ;

« Attendu que ces diverses sommes réunies forment un total de 56,710 fr.;

« Attendu que, la demoiselle T., ayant payé jusqu'à ce jour une somme de 61,661 fr., D. doit être déclaré responsable de la différence, c'est-à-dire de la somme de 4,951 fr.

« *Par ces motifs* : Condamne D. à rembourser à la demoiselle T. la somme susfixée de 4,951 fr., avec les intérêts du jour de la demande; fait masse des dépens y compris ceux de référé et d'expertise, pour être supportés par moitié entre la demoiselle T. et D. (Trib. civ. Seine, 3ᵉ ch., 4 févr. 1869).»

Le marché à forfait est un contrat aléatoire qui présente l'inconvénient de faire courir une chance de perte, soit au constructeur, soit au propriétaire, suivant que la construction coûtera plus ou moins que le prix convenu.

C'est donc aux Architectes et aux Entrepreneurs qui traitent dans ces conditions, à faire mûrement leurs calculs avant de s'engager.

Dans l'espèce, la somme prévue ayant été dépassée, le constructeur a dû être condamné à supporter l'excédant de la dépense.

J. PÉRIN,
Avocat à la Cour impériale, Docteur en droit.

---

(1) Vitruve (*Præfat.*, lib. x) parlait déjà d'une loi des Éphésiens, qui obligeait l'Architecte, avant d'entreprendre un édifice public, de déclarer ce qu'il devait coûter, de le faire pour le prix annoncé et d'y obliger tous ses biens; il supportait la dépense qui excédait le quart en sus. L'Architecte romain souhaitait qu'une loi semblable régît la construction publique et privée.

Le nouveau Denizart ajoute que, parmi nous, cette mesure préviendrait le dérangement de bien des fortunes.

INDUSTRIES DU BATIMENT

LE BANC·ROYAL DES ROMAINS

Cette belle pierre tendre, cotée à la *Série des prix de la ville de Paris*, sous le nom de *pierre de Sainte-Juste*, est reconnue pour être la meilleure des pierres du Midi, où le choix est cependant considérable.

Extraite en pleine masse, on peut obtenir les plus grands morceaux; elle est d'une homogénéité parfaite, conserve très-longtemps son éclat et n'est pas gélive.

Pour juger son ton, il suffit d'admirer les belles constructions de la place du Théâtre-Français, une maison construite boulevard du Temple par la Société des ouvriers maçons *Bouyer Cohadon, Bagnard et Cie,* ou mieux encore : voir le premier spécimen construit à Paris pour le compte du propriétaire de l'immense carrière d'où on l'extrait, et dont le ravissant hôtel est situé *17, rue du Cardinal-Fesch,* en face l'église Notre-Dame-de-Lorette.

La pierre de Sainte-Juste s'appelle *Banc royal des Romains,* parce qu'elle servit à construire les Arènes de Nîmes, l'Arc-de-Triomphe d'Orange, et à peu près tous les monuments élevés par les Romains dans le midi de la France, la Provence et le Dauphiné, plusieurs de ces édifices sont encore existants.

Parmi ceux-là, l'Église de Saint-Paul-Trois-Châteaux.

Classée parmi les monuments historiques, elle est toute entière érigée avec cette pierre, depuis les soubassements jusques et y compris la couverture qui, quoique construite au début de l'art roman, a toujoujours résisté aux injures de l'air et du temps.

Ces précédents suffisent pour éclairer la religion de nos lecteurs et les engager à essayer l'emploi de ce beau calcaire, ne fût-ce que pour les décorations des façades de monuments, bandeaux, corniches, cariatides, passage de portes cochères, etc., etc.

On est souvent embarrassé, à Paris, pour avoir les morceaux de dimensions nécessaires pour motifs ou statues, et l'on est obligé de se résigner à voir les plus belles cariatides coupées par des lits difformes dans les parties les plus finement sculptées ; d'autres fois on emploie la pierre en délit, ainsi qu'on l'a fait pour les quatre statues allégoriques qui décorent la façade du *Petit Journal.* Mais dans ce cas, on risque de les voir tomber en débris, résultat forcé de cette pose en délit.

La pierre de Sainte-Juste ne présente pas cet inconvénient ; on obtient les morceaux des plus grandes dimensions, dignes des plus gigantesques et des plus beaux obélisques.

Cependant, rien n'étant parfait en ce monde, le *Banc royal des Romains* a, comme toutes choses d'ici-bas, son péché originel qui lui constitue un défaut.

La carrière est située dans la Drôme, c'est loin, et les frais de transport en augmentent quelque peu le prix de revient ; cependant il importe de prendre en considération que la pierre est livrée sur panneaux, l'acheteur n'a à payer que les dimensions qu'il prescrit lors de sa commande, le gras obligé pour éviter les écornures d'arêtes n'est pas compté ; de là pas de déchet, pas d'abattages et une exécution plus prompte ; en tenant compte de ces avantages, cette pierre, bien plus belle et plus fine que le Vergelé, ne coûte guère que 5 0/0 de plus.

En allant voir la belle maison de M. FAVRE, *17, rue du Cardinal-Fesch,* entrez demander des renseignements et des échantillons.   F. COUSIN.

BEAUX-ARTS

CONCOURS, EXPOSITIONS

—

La *Société protectrice des animaux* décernera, en 1869, des médailles, des primes en argent et autres récompenses aux AUTEURS de publications utiles à la propagation de son œuvre, aux INVENTEURS et PROPAGATEURS d'appareils propres à diminuer les souffrances des animaux ou à faciliter leur travail, et à toute personne enfin ayant fait preuve, à un haut degré, de bienveillance, de bons traitements et de soins intelligents envers les animaux.

En conséquence, les *Architectes* auteurs des meilleures constructions ou projets d'écuries, vacheries, porcheries, poulaillers, etc., constituant une amélioration notable méritant d'être signalée comme progressive sont priés de vouloir bien en adresser les plans, francs de port, au secrétariat de la Société, 34, rue de Lille à Paris, avant le 1er avril, *terme de rigueur.*

Cette année, la Société tiendra, le 17 mai, lundi de la Pentecôte, une séance solennelle et publique, pour la distribution de ses récompenses. — F. F.

—

GRAND PRIX DE ROME

Les concours au grand prix de Rome pour l'année 1869 ont lieu aux époques ci-après déterminées.

ARCHITECTURE

Première épreuve. — Esquisse (12 heures en loges) lundi 8 mars.

Deuxième épreuve. — Esquisse (24 heures en loges) jeudi 11 mars.

Concours définitif. — Avant projet (4 jours en loges) du mardi 16 au vendredi 19 mars.

Projet : — Entrée en loges lundi 22 mars : — Sortie de loges mercredi 4 août.

—

Salon de 1869

Samedi 1er mai, ouverture du Salon au palais des Champs-Élysées.

—

CONCOURS. ADJUDICATION DE LILLE (Nord)

Un concours d'un nouveau genre est ouvert à Lille pour la construction des 3 marchés et l'aménagement d'une Halle.

Les concurrents devront être Architectes ou Ingénieurs puisqu'ils ont à présenter un projet complet et détaillé de chaque marché, établi suivant un type arrêté et en conformité avec les prescriptions des devis et cahiers des charges de la ville de Lille.

Ces mêmes concurrents devront aussi et surtout être Entrepreneurs, puisqu'ils auront à soumissionner l'exécution des travaux de leurs projets, avec rabais sur un prix d'unité, au mètre superficiel prévu au devis. Ils devront en outre justifier de leurs capacité par un certificat délivré par un Architecte ou un Ingénieur connu, et enfin déposer un cautionnement de 18,350 fr.

Le chiffre prévu pour l'exécution est de 550,000 francs; les projets devront être rendus avant le 3 mai et l'adjudication aura lieu le 9 du même mois (1).

—

UNION CENTRALE DES BEAUX-ARTS APPLIQUÉS A L'INDUSTRIE

Cette société d'encouragement et de propagande d'art fera cette année une *Exposition* avec *concours*, au Palais de l'Industrie; cette exposition sera ouverte le 10 août et sera close le 10 novembre.

Tous les envois seront reçus au Palais des Champs-Elysées du 20 au 30 juillet, terme de rigueur (1).

—

EXPOSITION DE CHARTRES

Une exposition artistique et industrielle doit avoir lieu à Chartres au mois de mai prochain, sous le patronage de la Société Archéologique d'Eure-et-Loir (1).

—

EXPOSITION DE BEAUVAIS (Oise)

Une exposition industrielle et artistique ouvrira le 1er juin à Beauvais, sa clôture aura lieu le 15 juillet sauf prolongation (1).

—

EXPOSITION DE POITIERS (Vienne)

Une exposition industrielle, artistique et archéologique ouvrira à Poitiers le 15 juin. Les demandes d'admission doivent être adressées à M. le Maire de Poitiers avant le 30 avril (1).

—

LILLE. — CONCOURS D'ARCHITECTURE

La Société des sciences, de l'agriculture et des Arts, de Lille, propose l'étude d'un édifice destiné à la fois aux expositions d'art et d'industrie et aux fêtes publiques.

Concours d'architecture pour 1869. Prix, 1,000 fr.

La dépense ne devrait pas s'élever sensiblement au-dessus de 1,500,000 francs, un devis n'est pas obligatoire.

Le travail à présenter consiste en : 1° Deux plans ; — deux coupes; une façade latérale à l'échelle de 0,005 pour un mètre (esquisses); 2° Une façade principale sur la place Napoléon III, à l'échelle d'un centimètre (rendu soigné); 3° Un exposé ou note descriptive.

—

MONUMENTS FUNÉRAIRES

Un concours est ouvert pour le monument funéraire à ériger à la mémoire de M. Verdrel, décédé maire de Rouen.

La dépense du projet ne devra pas dépasser trente mille francs, y compris les honoraires de l'Architecte, qui sont de 5 p. 100.

Tous les Architectes seront admis à ce concours, qui sera clos le 15 mai prochain, terme de rigueur.

Tous les projets déposés seront exposés, du 20 mai au 6 juin prochain inclusivement, dans une des salles de l'Hôtel-de-Ville de Rouen.

Un jury, composé, par le Conseil municipal, de membres pris dans son sein, avec adjonction d'Architectes et d'artistes, statuera, avant le 1er juillet prochain, sur le résultat du concours.

Trois prix seront décernés (1).

—

ARCHÉOLOGIE

La Société archéologique du midi de la France décernera un prix de 400 fr., en 1869, à l'auteur du meilleur mémoire sur la question suivante :

« Déterminer, d'après l'étude des caractères architectoniques et à l'aide des documents écrits, les diverses influences dont on retrouve la trace sur les monuments construits dans les pays de Foix, de Comminges et de Toulouse, pendant les xe, xie et xiie siècles. »

Un prix de 200 fr. sera accordé à l'auteur du meilleur mémoire traitant de matières archéologiques.

—

(1) Les renseignements relatifs à *tous* les concours ci-dessus sont à la disposition des intéressés, chez le Rédacteur en chef, *boulevard St-Michel*, 7, tous les jours *de 8 à 10 heures*.

« La Société, dans le but d'encourager les recherches archéologiques, a décidé d'accorder des médailles de vermeil, d'argent et de bronze, aux personnes qui lui auront adressé des objets curieux et intéressants au point de vue de l'histoire et de l'art, provenant du midi de la France, ou qui lui auront signalé l'existence de ces objets, ainsi que la découverte de monuments anciens. »

Tous les mémoires devront être adressés sous pli cacheté et non signés, avant le 1er mai 1869, à M. le secrétaire général, au siége de la Société (musée de Toulouse).

—

BELGIQUE

Un concours est ouvert pour l'*exécution d'un consistoire israélite à Bruxelles*.

Somme à dépenser : 225,000 fr.; *rendus* : le 1er avril prochain. Prix : 1er 2,000 fr., 2e 1,000 fr., 3e 500 fr. — Le premier prix pourra être chargé de l'exécution des travaux avec honoraires de 5 0/0; déduction sera faite des 2,000 fr. de prime.

A. FOULHOUX.

FAITS DIVERS.

Nous enregistrons avec regret le décès de M. *Eugène Laval*, Architecte des Asiles de Vincennes et du Vésinet, de l'Hospice d'humanité et du Palais de Justice d'Alais, de la Banque de Bilbao, en Espagne, de l'église de Bellegarde, du joli château de Clarens, etc., etc.

M. E. Laval est mort à cinquante ans; il s'était très-particulièrement fait remarquer par ses travaux historiques dans les départements du Gard, de l'Aveyron et des Bouches-du-Rhône.

Il laisse à Bordeaux d'importants travaux inachevés.

Presque tous les Architectes de Paris assistaient à son convoi.

— COURS DES MÉTAUX.— *Métaux ouvrés.*

Cuivre laminé rouge (prix de base) 217 50	220	..
Cuivre laminé jaune	210	..
Plomb laminé et en tuyaux de 20 m/m de diamètre et au-dessus. .	58	..
Zinc laminé de la Vieille-Montagne.	70	..
» autres marques	65	..

JUKIN.

(Le cours des terrains dans Paris et la banlieue est renvoyé au prochain numéro.)

BIBLIOGRAPHIE

La *Société Académique des Architectes de Lyon*, fidèle à la tâche que lui impose son titre et désireuse de justifier de l'utilité de sa fondation, vient de publier une brochure de *Recherches et avis* ayant pour titre : LES COUTUMES DU BATIMENT. Elle est à la fois parfaitement raisonnée, éminemment sage, très-utile et fort belle ; elle comporte 12 chapitres précédés du rapport de la commission composée de M. BISSUEL, *rapporteur*, aujourd'hui président, et de MM. BRESSON, LOUVIER, FOREST et BELLEMAIN.

Nous avons publié ces études dans le journal *le Bâtiment* en priant nos lecteurs de nous adresser leurs observations critiques et nous sommes heureux de déclarer que nous n'en avons reçu aucune, ce qui nous autorise à penser que les avis émis par la Société des Architectes de Lyon sont aujourd'hui sanctionnés par l'opinion publique.

Nous serions très-heureux de pouvoir souvent rendre compte des travaux des Sociétés d'Architecture, malheureusement ces institutions sont fort rares ! Il devrait en exister au moins une par département.—F.-F.

AVIS IMPORTANT

Un *Comité de consultation* spécial aux Industries du Bâtiment est adjoint à la Rédaction. Il se compose d'Architectes, de Vérificateurs spéciaux et de Jurisconsultes.

Les Abonnés ont la faculté d'adresser au Comité toutes demandes d'avis se rattachant à la Construction, aux Arts, à la Vérification, à la Procédure et à l'Interprétation des marchés : séries de prix, nature et qualité des matériaux, etc., etc., en justifiant de l'abonnement par la bande du dernier numéro du Journal.

Les réponses *résumées* du Comité sont faites dans la quinzaine par lettre, ou par le Journal en cas d'intérêt général et quand la place le permettra.

Les services du Comité de consultation sont gratuits.

Un timbre-poste pour l'affranchissement de la réponse doit être joint à la demande.

Il sera rendu compte de tous les ouvrages déposés en double exemplaire.

Le Directeur : E.-F. LE PREUX.

1702. — Imprimerie Parisienne, Dufour et Ce, impasse Bonne-Nouvelle, 5.

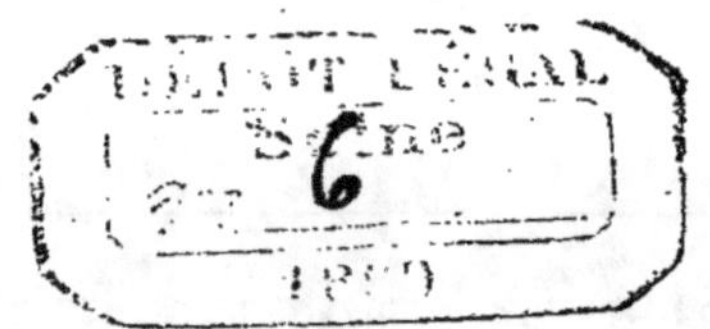

PARIS
ARCHITECTE

REVUE ILLUSTRÉE FONDÉE EN 1865

Paraissant le 1er et le 20 de chaque mois

DIRECTEUR-FONDATEUR	RÉDACTEUR EN CHEF
E. LE PREUX	FLEURY-FLOBERT

1er AVRIL 1869

—

TABLETTES DE L'ARCHITECTE

—

SOMMAIRE

M. LE COMTE CIBRARIO.

S. E. M. le comte Louis Cibrario vient d'être l'objet d'une haute distinction bien rarement conférée : il a reçu, du roi d'Italie, le titre et les insignes de chevalier de l'Ordre Suprême de l'Annonciade.

M. le comte Cibrario n'est pas seulement un homme politique et un historien de premier ordre, il est des nôtres par ses travaux relatifs à l'abbaye royale de Hautecombe et c'est à lui qu'on doit les inscriptions italiennes et latines qui décorent les monuments publics et les monuments sépulcraux de la chapelle du Très-Saint Suaire.

Si ses nombreux ouvrages sur les villes du Piémont, les hospices des nobles, ses travaux dans le *musée Fontana*, dans le magnifique *Monumenta historica patriæ* et nombre d'autres livres de mérite ne l'avaient pas fait connaître depuis longtemps de nos lecteurs, la protection efficace qu'il n'a cessé d'accorder aux artistes et aux architectes italiens et français, suffirait pour que nous considérions comme un devoir de signaler ici la haute récompense que S. M. le Roi d'Italie lui a si justement accordée.

E.-F. Le Preux.

PRIX ACHILLE LE CLÈRE.
Monument consacré à la mémoire de Rossini.

PROGRAMME.

Ce monument, qui ne saurait être un simple piédestal portant une statue, mais qui devra par la noblesse de sa composition, par le choix des matériaux employés à sa construction, par les détails et les dispositions accessoires qui peuvent lui servir de cadre, présenter toute la distinction et tout l'effet que l'art peut recevoir du sujet qui l'inspire, serait érigé dans un des jardins publics de la ville de Paris.

Ce jardin public pourrait lui-même recevoir une disposition spéciale différente de celle des squares de la capitale.

Ombragé par de grands arbres, orné de portiques, d'exèdres, de fontaines, ce jardin contiendrait un espace réservé pour l'exécution, pendant la belle saison, et par un orchestre nombreux, des œuvres les plus célèbres du grand artiste et compléterait ce monument, que l'Académie des Beaux-Arts propose comme sujet de concours.

L'ensemble du concours et le dessin surtout sont faibles; tous les projets se ressemblent; tous les concurrents ont fait un tombeau, un mausolée, pas un n'a compris le monument glorieux.

Pas un seul encore n'a pensé à l'acoustique ; par leurs dispositions de plans, plusieurs ont semblé prendre plaisir à multiplier les échos.

*
* *

N° 11. — *Tu quoque.* — Étude et dessin sont excellents ; s'il ne ressemblait à un château d'eau, ce projet serait évidemment le meilleur. Signalons-y des réminiscences de la façade du nouvel Opéra. — Seront-elles du goût du jury ?

N° 16. — *Le génie est immortel.* — Mal dessiné, académique peut-être, ennuyeux assurément !

N° 17. — *Spes et Labor.* — Mêmes remarques.

N° 18. — *Errare humanum est.* — Dessin fort médiocre — étude classique, académique, sans idées, sans convictions : bonnes et excellentes raisons pour obtenir le prix, et vraiment il serait fâcheux de ne pas encourager l'auteur d'un poncif aussi réussi. — Changez la statue, écrivez dessous : *à Charlemagne, à l'Agriculture* ou *à Mengin* et ça se massera toujours parfaitement.

N° 27. — *A l'adventure.* — Pourquoi donc faire un projet de fontaine ?

N° 35. — *Ars.* — Une idée excellente, mais les moyens ont trahi l'intelligence.

N° 39. — *Pego cadet.* — Bonne idée, mais pourquoi cette teinte lugubre, ce décor de cimetière ?

N° 45. — *L'Immortalité couronne l'œuvre.* — Un souvenir de la fontaine Dauphine à Paris, un fouillis de motifs par là-dessus, — et puis quelle idée de couvrir un monument avec des tuiles.

N° 59. — *Utile Dulci.* — Il est benin, benin.

N° 61. — *To be or not to be.* — Etre ou..... n'être pas, voilà la question ?   M.

JUGEMENT.

Prix — au nº 39 — *Pego cadet* : M. Albert DILLON, élève de M. QUESTEL.

1ʳᵉ mention — au nº 18 — *Errare humanum est* : M. F. VIONNOIS, élève de MM. LEBAS et GINAIN.

2ᵉ mention — au nº 35 — *Ars* : M. Alfred VAUDOYER, élève de M. Léon VAUDOYER.

SOCIÉTÉ ACADÉMIQUE DE LYON.

Sont nommés membres du bureau pour l'exercice des années 1869 et 1870 :

MM. Amédée SAVOYE, *Président.*

Casimir ECHERNIER, *Vice-Président.*

Léon CHARVET, *Secrétaire général.*

Étienne JOURNOUD, *Trésorier.*

Benoît-Joseph CHATRON, *Secrétaire.*

Joseph-Auguste MONVENOUX, *Archiviste.*

EXPLICATION DE NOS GRAVURES.

PLANCHE XXI.

Pages d'Albums.

Un pied de table en ébène : le bois est découpé sur le profil et seules quelques lignes gravées accusent les volutes.

PLANCHE XXII.

Maison à Paris,

par MM. Douillard et Rousseau, architectes.

Maison sise à l'angle des rues de la Michodière et Réaumur, près le nouvel Opéra (perspective cavalière).

L'Administrateur : CHARLES VINCENT & Cᵉ.

1878. Imprimerie Parisienne, Dufour et Cᵉ, impasse Bonne-Nouvelle, 5

PARIS-ARCHITECTE

REVUE ILLUSTRÉE FONDÉE EN 1865

Paraissant le 1er et le 20 de chaque mois

Directeur-Fondateur :

E. F. Le Preux.

Rédacteur en Chef :

Fleury-Flobert.

ADMINISTRATEURS : CHARLES VINCENT ET Cᵉ

Tablettes du Constructeur

Adresser franco :

Toutes communications relatives à la Direction, à M. E. F. LE PREUX, *Faubourg-St-Honoré,* 3. *Paris;*

Celles relatives à la rédaction, à M. F.-FLOBERT, *boulevard St-Michel,* 7, *à Paris. Le Rédacteur en chef y est visible tous les lundis et vendredis, de 8 à 10 heures;*

Et tout ce qui concerne l'Administration, à M. CHARLES VINCENT, *Faubourg-St-Honoré,* 3, *à Paris.*

AVIS IMPORTANT

Un *Comité de consultation* spécial aux Industries du Bâtiment est adjoint à la Rédaction. Il se compose d'Architectes, de Vérificateurs spéciaux et de Jurisconsultes.

Les Abonnés ont la faculté d'adresser au Comité toutes demandes d'avis se rattachant à la Construction, aux Arts, à la Vérification, aux Questions de mitoyenneté, à la Procédure et à l'Interprétation des marchés : Séries de prix, nature et qualité des matériaux, etc., etc., en justifiant de l'abonnement par la bande du dernier numéro du Journal.

Les réponses *résumées* du Comité sont faites dans la quinzaine par lettre, ou par le Journal en cas d'intérêt général et quand la place le permettra.

Les services du Comité de consultation sont gratuits.

Un timbre-poste pour l'affranchissement de la réponse doit être joint à la demande.

—

Il sera rendu compte de tous les ouvrages déposés en double exemplaire.

—

QUESTIONS DU JOUR

LES HONORAIRES DES ARCHITECTES.

Dans notre dernier numéro, nous reproduisions *in extenso* l'arrêté de M. Dieu, Président du Conseil de préfecture de la Seine, taxant les honoraires des Architectes-Experts.

Sur la demande de nos lecteurs, il nous semble opportun de profiter de la publication de ces documents officiels, qui deviennent ordinairement les bases de la rémunération des travaux exécutés au compte des particuliers, pour démontrer que les éléments fondamentaux relatifs à la taxe des vacations d'Architectes reposent sur un Tarif suranné, dont la révision nous paraît indispensable.

En effet, l'article 159 du Tarif, qui alloue 8 fr. par vacation de trois heures, date du **16 février 1807.**

Depuis cette époque, le bien-être et le luxe contemporains ont pour le moins triplé les dépenses, mais les honoraires sont restés les mêmes.

On assure qu'un Architecte peut gagner 32 fr. par jour, à la charge de faire quatre vacations par jour, c'est-à-dire un travail quotidien de douze heures.

En observant le repos des dimanches et fêtes, il gagnerait au plus 9,500 fr. par an.

Est-ce avec cette somme, considérable en 1807, qu'il pourra aujourd'hui faire face à ses dépenses ?

Suppose-t-on qu'un travail de cabinet soit supportable douze heures par jour?

Oublie-t-on que la durée moyenne du travail des maçons, terrassiers, menuisiers, etc., est de neuf heures ; de huit pour les plombiers et gaziers, et de cinq seulement pour la généralité des bureaucrates des administrations?

Si, par suite de ces considérations, l'on admet que neuf heures, c'est-à-dire trois vacations par jour, sont la moyenne du travail de l'Architecte, nous sommes obligé de réduire à 7,000 fr. son gain annuel.

Nous savons bien que l'on répondra : « Mais un Architecte ne fait pas que des vacations ; il travaille aussi à *tant* du cent! » Cela est vrai, mais n'empêche pas que la taxe de la vacation ait pour base une erreur qu'il importe de rectifier en élevant à 12 fr. le prix de la vacation de trois heures.

Nous appelons sur cette réforme importante l'attention des Sociétés d'Architectes et particulièrement de la *Société impériale et centrale de Paris* qui, déclarée d'utilité publique, a toute l'autorité nécessaire pour prendre sur ce sujet une décision valable et exécutoire, décision impatiemment attendue et réclamée par nos lecteurs.

F. FLOBERT.

QUESTIONS TECHNIQUES

SERVITUDES

Les servitudes imposées par la Ville de Paris, comme propriétaire d'un immeuble, sont-elles immuables?

En d'autres termes, et spécialement, est-il interdit à des propriétaires acquéreurs de terrains de la ville de modifier ou supprimer les cours qu'ils s'étaient engagés à établir aux termes de leurs contrats d'acquisition?

Evidemment non, si tous ceux qui ont intérêt à la servitude consentent à la suppression et si la ville elle-même n'a plus d'intérêt de propriété dans l'immeuble.

Aux termes de l'article 2226 du code civil la ville n'est, en effet, en matière de propriété, qu'un simple individu, et comme venderesse d'un immeuble elle n'a pu imposer une servitude qu'à ce titre ; or, le jour où la ville n'a plus d'intérêt de propriété son droit d'action civile cesse tout-à-fait : « *nec utilitas, non actio*, » là où il n'y a pas d'intérêt il ne peut y avoir d'action.

La servitude imposée par la ville comme venderesse d'un immeuble n'est donc pas immuable ; elle peut cesser par le consentement des acquéreurs intéressés.

L'administration ne pourrait plus intervenir dans une question de cette nature que comme autorité municipale, si la suppression des cours ou leur changement apportait des causes d'insalubrité.

C'est ici le cas de rappeler combien sont distinctes les attributions du préfet de la Seine lorsqu'il agit comme tuteur aux droits de la commune ou lorsqu'il procède comme Grand Voyer ou autorité municipale.

F. LIGER,
Architecte.

COURS DES MÉTAUX PENDANT L'ANNÉE 1868.

		Zinc.	Plomb.
1868	1ᵉʳ janvier.	70 fr.	58 fr.
—	18 —	65	»
—	26 mars.	70	»
—	1ᵉʳ avril.	» »	60
—	12 juin.	65	»
—	13 octobre.	70	»
—	12 décembre.	65	»

TABLE *donnant le prix du mètre superficiel de zinc pour couverture, compris façon, faux frais, bénéfice et fourniture, aux différents cours.*

POIDS		COURS	FEUILLE DE 0ᵐ80			FEUILLE	
Du mètre carré	Compris 1/40 de déchet.	Les 100 kilog.	Prix du mètre carré	Bénéfice 1/10	Façon 0 fr. 90 c.	De 0ᵐ65. Le mètre carré, façon 1 fr.	De 0ᵐ50. Le mèt. carré, façon 1 fr. 10
kil.	kil.	fr. c.	fr. c.	fr. c.	fr. c.	fr. c.	fr. c.
Zinc n° 12							
		60 »	2.859	3 14	4 04	4 14	4 24
		65 »	3.098	3 40	4 30	4 40	4 50
		70 »	3.336	3 67	4 57	4 67	4 77
4.650	4.766	75 »	3.574	3 93	4 83	4 93	5 03
		80 »	3.813	4 19	5 09	5 19	5 29
		85 »	4.051	4 45	5 35	5 45	5 55
		90 »	4.289	4 71	5 61	5 71	5 81
Zinc n° 13							
		60 »	3.259	3 58	4 48	4 58	4 68
		65 »	3.531	3 88	4 78	4 88	4 98
		70 »	3.802	4 18	5 08	5 18	5 28
5.300	5.432	75 »	4.074	4 48	5 38	5 48	5 58
		80 »	4.345	4 78	5 68	5 78	5 88
		85 »	4.617	5 07	5 97	6 07	6 17
		90 »	4.888	5 37	6 27	6 37	6 47
Zinc n° 14							
		60 »	3.658	4 02	4 92	5 02	5 12
		65 »	3.963	4 36	5 26	5 36	5 46
		70 »	4.268	4 69	5 59	5 69	5 79
5.950	6.098	75 »	4.573	5 02	5 92	6 02	6 12
		80 »	4.878	5 36	6 26	6 36	6 46
		85 »	5.183	5 69	6 59	6 69	6 79
		90 »	5.482	6 03	6 93	7 03	7 13

Zinc n° 15

		60	»	4.028	4	43	5	53	5	43	5 53
		65	»	4.364	4	80	5	70	5	80	5 90
		70	»	4.700	5	17	6	07	6	17	6 27
6.550	6.714	75	»	5.035	5	53	6	44	6	54	6 64
		80	»	5.371	5	90	6	80	6	90	7 »
		85	»	5.707	6	27	7	17	7	27	7 37
		90	»	6.042	6	64	7	54	7	64	7 74

Zinc n° 16

		60	»	4.612	5	07	5	97	6	07	6 17
		65	»	4.994	5	49	6	39	6	49	6 59
		70	»	5.380	5	91	6	81	6	91	7 11
7.500	7.687	75	»	5.765	6	35	7	24	7	34	7 44
		80	»	6.149	6	76	7	66	7	76	7 86
		85	»	6.534	7	18	8	08	8	18	8 28
		90	»	6.918	7	60	8	50	8	60	8 70

Dans le prochain numéro nous donnerons des sous-détails de *Maçonnerie* et des détails de *Vitrerie*.

F.-F.

JURISPRUDENCE SPÉCIALE

Vices de construction. — Partage de la responsabilité entre l'Architecte et le Propriétaire.

L'article 1792 du Code Napoléon (qui déclare les Architectes et les Entrepreneurs responsables de plein droit pendant dix ans, lorsque l'édifice construit à prix fait périt en tout ou en partie par le vice de la construction), n'est point applicable à l'Architecte qui a non-seulement dirigé, mais exécuté les travaux sur des plans dressés par lui, si le contrat intervenu entre lui et le propriétaire n'est point un marché à prix fait.

En pareil cas, la responsabilité de l'Architecte constructeur doit s'apprécier d'après les règles du droit commun, et les juges du fond peuvent, au lieu de faire peser en entier sur l'Architecte la garantie des vices de construction de l'édifice, la diviser entre celui-ci et le propriétaire, dans une mesure qu'il leur appartient d'arbitrer, s'ils constatent que le propriétaire a participé à la faute de l'Architecte en lui fournissant des matériaux défectueux ou en le poussant à construire avec une trop grande rapidité ou en exigeant une économie excessive.

Telle est la jurisprudence nouvelle de la Cour de cassation, qui ressort d'un arrêt de rejet de la Chambre des requêtes du 1er décembre 1868 du pourvoi formé par les consorts Barbaroux de Mégy contre un arrêt de la Cour d'Aix, rendu le 24 décembre 1867 au profit de MM. Jauffret et frères.

Il est équitable, en effet, que le propriétaire ne puisse faire peser sur son Architecte les conséquences des fautes, auxquelles il a lui-même pris part. L'Architecte ne doit pas, comme les tribunaux l'avaient décidé trop longtemps, être seul responsable des fautes qu'il n'a commises que par les ordres et conformément à la volonté même du propriétaire.

Cette jurisprudence a d'ailleurs le mérite d'être une saine interprétation de la loi. Elle distingue avec raison les travaux à prix fait de ceux dont la valeur n'a pas été fixée d'avance, car l'article 1792, qui est le siège de la matière, ne parle que des constructions à prix fait, et ne donne d'action au propriétaire qu'en vue de cette espèce de construction; l'on ne peut étendre le texte de la loi!

Jules PÉRIN, *Docteur en droit,*
Avocat à la Cour impériale de Paris.

BEAUX-ARTS

CONCOURS, EXPOSITIONS

Pour tous programmes et renseignements, s'adresser au bureau du Rédacteur en chef, tous les jours de 8 à 11 heures.

Ministère de la Maison de l'Empereur et des Beaux-Arts.

SURINTENDANCE DES BEAUX-ARTS

Salon de 1869.

Le lundi 22 mars, à 4 heures, le Sénateur surintendant des Beaux-Arts a procédé à l'ouverture des urnes contenant les bulletins de vote pour l'élection des deux tiers des membres du jury de l'Exposition des Beaux-Arts de 1869.

Section d'architecture.

Six jurés à élire. — Ont été élus :
MM. Duc, Labrouste (Pierre-François-Henri), Duban, Vaudoyer, Viollet-Le Duc, Ballu.

Ont obtenu ensuite le plus de voix :
MM. Baltard, Lefuel, Questel.

Le dernier tiers du Jury, dont la nomination est attribuée à l'Administration par l'article 13 du Règlement, est composé de :
MM. Bœswilwald, Lenoir (Albert), du Sommerard.

FONTAINEBLEAU. — Une exposition ouvrira à Fontainebleau le 1er juin 1869, et finira le 1er novembre suivant. Elle comprendra des tableaux, dessins, gravures, etc., etc.

Les objets d'art destinés à cet exposition devront être adressés, en gare de Fontainebleu, à M. Chippendall, commissaire délégué.

Roubaix. — Le 29 mars dernier, ouverture de l'exposition des Beaux-Arts.

Bayonne. — Exposition de la société Artistique du 15 août au 30 septembre.

Bruxelles. — Exposition triennale Historique.

La Haye. — Exposition internationale du 20 avril au 6 juin.

Londres. — Exposition internationale de Peinture et Sculpture.

Metz. — Exposition des Beaux-Arts du 1er au 20 mai.

Montpellier. — L'exposition de la Société Artistique est ouverte depuis le 2 avril.

Moulins. — Exposition du 15 avril au 15 mai.

Munich. — Exposition internationale du 15 juillet au 31 novembre.

Paris. — Exposition de Photographie au Palais de l'Industrie du 1er au 31 juillet.

Rouen. — Exposition des Beaux-Arts du 8 avril au 23 mai.

Strasbourg. — L'exposition est fixée au 1er juin.

Lille. — Concours d'architecture, gravure et sculpture, prix Wicart.

Vienne (Autriche). — Concours pour la construction d'un Hôtel-de-Ville.

Nancy. — Concours pour ériger une statue à Jacques Callot, esquisses à rendre le 15 juin. Premier prix, 3,000 fr.; deuxième, 500 fr.; troisième, 250 fr.

Lyon. — Concours annuel ouvert par la Société académique des Architectes de Lyon.

La Société académique d'Architecture de Lyon ouvrant chaque année, aux termes de ses statuts, un concours public, propose aux Architectes français et étrangers, pour sujet de concours de l'année 1869, un *projet d'école des Beaux-Arts* avec *salle d'exposition.*

Cet édifice aurait soixante mètres de façade sur quatre-vingts mètres de profondeur.

Il formera deux divisions distinctes :

1o L'école des beaux-arts, qui aura son entrée principale sur le quai de Retz;

2o Une grande salle et salles accessoires, servant aux expositions de la Société des Amis des Arts, ayant leur entrée par la rue du Garet.

Les plans et dessins à fournir par les concurrents se composeront :

1o Des plans du rez-de-chaussée et du premier étage, à l'échelle de 0m,01 par mètre;

2o Des deux façades principales à l'échelle de 0m,02 par mètre;

3o De deux coupes à l'échelle de 0m,01 par mètre.

Les projets soumis au concours seront transmis *franco* au Palais des Beaux-Arts, à Lyon, à l'adresse du secrétaire de la Société, avant le mercredi 8 décembre prochain, terme de rigueur. Aucun délai ne pourra être accordé aux concurrents qui seraient en retard.

Conformément à l'article 26 des Statuts, le Rapport sur le concours sera confié à une Commission composée de sept membres élus au scrutin secret; le jugement sera ensuite rendu par la Société, également au scrutin secret, à la majorité des suffrages.

Les prix seront distribués aux auteurs des projets couronnés, dans la séance du premier jeudi de février 1870.

Premier Prix : *Une Médaille d'or.*

Deuxième Prix : *Une Médaille d'argent*

Constantine (Algérie)—Construction d'un théâtre.

Le concours sera clos le 1er octobre 1869.

Trois primes, la première de 3,000 fr., la seconde de 2,000 et la troisième de 1,000 fr.

Arras. — Concours pour la construction d'une église de 40 mètres de long sans le clocher sur 18 mètres de large, 3 nefs, 3 entrées, perron de 5 marches, à l'extérieur une grille de 1 m. 50 de haut tout au pourtour de l'église, soubassement pierre de Belgique. Les projets se composeront d'un plan général de l'édifice, d'un devis descriptif bien détaillé et d'un devis estimatif minutieusement rédigé; on pourra joindre des dessins de détail, des perspectives et des maquettes; le style de cette église devra être « le roman fleuri dernière période, » la somme à dépenser est de 80,000 francs (honoraires compris), la ville se réserve le droit de ne pas faire exécuter le plan couronné; dans ce cas le premier prix recevrait 600 francs et le deuxième 300 fr. Le concours est ouvert dès maintenant pour être clos le 1er août à midi: il est observé que les *colonnes* seront en pierre dure de Belgique, le surplus de la pierre en élévation sera de Creil et les voûtes devront être réelles et non en plafond ou en bois sous tirants apparents.

Le jury se compose de Mgr l'Évêque, du Maire, d'un Chanoine, de deux membres du Conseil, d'un Ingénieur, du Secrétaire général de l'Administration du Musée et du Vice-Président du Conseil de Préfecture.

Ecole des Beaux-Arts. — *Exposition prochaine* : deuxième classe, les 5 et 6 mai.

M. Frièse.

—

La ville de Rastaboul ouvre un Concours pour la construction d'une église; ne voulant rien négliger pour obtenir un monument qui illustrera le maire et les adjoints, l'évêque, les chanoines, et tous ceux qui en auront voté l'érection, la commission invite les Architectes de l'univers à prendre part au concours.

La longueur de cette église sera de 175 mètres non compris, les clochers, descentes à couvert, etc., et sa largeur ne devra pas dépasser 50 mètres, elle aura 5 nefs, 9 entrées, plusieurs sacristies et sera élevée de 20 marches au-dessus du sol.

Le style est laissé au goût des concurents; cependant ils devront s'appliquer à trouver une architecture qui n'ait pas encore servi.

Les projets se composeront de plans, coupes, élévations, perspectives, maquettes en relief; cependant il ne pourra y avoir plus de 30 feuilles pour chaque projet, la commission craignant d'abuser du temps des concurents.

Un devis descriptif et estimatif minutieusement rédigé, détaillera le projet dans toutes ses parties et fera connaître d'une manière rigoureuse que la somme de 43,825 fr. 75 c. affectée à ce travail, est prise pour limite extrême des dépenses, honoraires de l'Architecte compris.

La brique et le moellon sont exclus, la pierre de taille et le marbre seront seuls employés, les colonnes des nefs devront être en jaspe.

La commission croit devoir faire connaître aux concurrents qu'elle donnera la préférence au projet qui sans augmenter le chiffre prévu, et tout en satisfaisant aux exigences ci-dessus énoncées pourra comprendre à côté de l'église un petit presbytère.

Le concours ouvert dès maintenant sera clos dans quinze jours; la commission se réserve le droit de faire ou de ne pas faire exéter le projet choisi.

Dans ce cas l'auteur du projet n° 1 recevra une indemnité de 157 fr. 85 et celui n° 2 recevra au même titre une somme de 26 fr. 15. A la suite de l'exposition qui durera 6 mois, le jury prononcera son jugement, ce jury est composé des personnes suivantes :

Monseigneur l'Évêque, monsieur le Maire, monsieur le Vétérinaire monsieur le Ferblantier de l'endroit, le Conducteur des Ponts-et-Chaussées et celui de l'omnibus, tous conseillers municipaux, et un Chanoine.

Les Architectes de talent seront soigneusement exclus du jury, qui ne se composera que de gens éclairés et amis des arts.

Ce programme fantaisiste nous est inspiré par le concours d'Arras. Croit-on que l'on puisse obtenir pour 80,000 fr. une église de 18 mètres de largeur sur 40 mètres de longueur, et construite en matériaux de première qualité? Trouve-t-on les primes encourageantes : 600 fr. pour un premier prix, 300 fr. pour un second? En supposant couronné un projet se renfermant dans le prix alloué, la prime compensera-t-elle le temps passé et perdu? car nous pensons qu'on aurait pu l'employer plus utilement et plus avantageusement.

Est-ce avec de semblables sacrifices qu'on pense relever le *niveau de l'art*??

A. FOULHOUX, *Architecte.*

—

On lit dans le *Tintamarre* :

« Quelques personnes méticuleuses se sont étonnées de ne pas voir, depuis quelques jours, place du Château-d'Eau, l'ouvrier qui travaille habituellement à la fontaine.

« Le *Tintamarre*, qui connaît tout, qui voit tout, entend tout, est heureusement en mesure de les renseigner.

« L'absence de l'ouvrier en question n'a rien d'étonnant; c'est lui qui est chargé cette semaine du nouvel Opéra.

« La semaine prochaine, il ira construire le nouvel Hôtel-Dieu.

« Puis il reviendra au Château-d'Eau, et ainsi de suite, de façon à ce que ces trois constructions puissent marcher ensemble.

« On espère, du reste, qu'elles seront terminées un jour... ou l'autre.

« Quand l'ouvrier sera trop vieux, on lui donnera sa retraite et on en prendra un autre, voilà tout. »

FAITS DIVERS

— Un nouveau palais de justice de 6,400 mètres de surface s'élève à Amiens.

Les constructions ont déjà atteint la hauteur du deuxième étage, et par les proportions gigantesques des parties érigées : façades, colonnes engagées, frises, perron monumental, etc., l'on peut déjà augurer de la beauté et de la richesse architecturale de cet édifice construit sur les plans et sous la direction de M. *Daullé*, Architecte en chef du département de la Somme, et de M. *Herbault*, Architecte de la Cour impériale du même département.

— Le roi de Bavière vient de fonder un musée qui doit se composer de tous les moulages faits sur toutes les statues remarquables qui nous restent de l'antiquité et qui sont disséminées dans les collections de l'Europe. En France, rien ne serait plus facile que de faire jouir le public d'un musée semblable ; il faudrait simplement ouvrir le dimanche les salles de moulage de l'École des Beaux-

Arts. Sans nuire aux études des élèves et sans frais considérables, on trouverait ainsi le moyen de faire connaître à tous, les œuvres de Phidias, que le public ne peut plus voir, depuis leur transport du Louvre à l'École des Beaux-Arts, les chefs-d'œuvre de l'antiquité et les plus admirables morceaux de la Renaissance, dont nos musées sont si dépourvus. Une réforme si utile ne nécessiterait qu'une très-minime dépense hebdomadaire pour payer quelques gardiens supplémentaires pendant ces jours.

— Il sera dressé, par la direction des Musées impériaux, un état des tableaux et objets d'art qui font partie de la dotation de la couronne et qui pourraient en être distraits sans inconvénient pour être remis à l'État.

Sont nommés membres de la commission chargée de la haute direction et de la surveillance de ce travail :

MM. le comte de Nieuwerkerke, surintendant des Beaux-Arts, sénateur, président ; Chaix-d'Est-Ange, sénateur, secrétaire du Sénat ; Mérimée, sénateur, membre de l'Académie française ; Alfred Leroux, vice-président du Corps législatif ; le comte Welles de la Valette, député ; le vicomte de Rougé, conseiller d'État ; Gaudin, conseiller d'État ; Cabanel, Gérôme, le vicomte Henri Delaborde, Gatteaux, Guillaume, Cavelier, membres de l'Académie des Beaux-Arts.

M. Villot, secrétaire général des Musées impériaux, et M. Reiset, conservateur, rempliront les fonctions de secrétaires, avec voix consultative.

— Il y a à Paris 663 kilomètres de trottoirs, ce qui représente 165 lieues, c'est-à-dire une distance plus grande que celle qui sépare Paris de Bordeaux, de Brest, de Genève ou de Strasbourg.

On y compte aussi 32,320 becs de gaz servant à éclairer la voie publique.

— A la réunion annuelle des Sociétés savantes à la Sorbonne, M. le Secrétaire général du Ministre de l'Instruction publique a donné lecture du décret du 30 mars 1869, instituant un prix annuel de 1000 fr. dans chaque ressort académique pour le meilleur travail d'histoire, d'*archéologie* ou de science, ainsi qu'un prix de 3,000 fr. qui sera décerné tous les ans par le Comité des travaux historiques à l'un des ouvrages qui, dans l'année précédente, aurait été couronné dans les concours académiques.

— La ville de Saint-Brieuc a ouvert une souscription pour élever une statue à l'amiral Charner ; la statue d'Ingres, dont l'auteur est M. Étex, sera élevée dans la cour du Musée de Montauban ; les Allemands résidant à New-York recueillent des fonds pour ériger un monument à Alexandre de Humboldt, dans le Parc central ; M. Bock, de l'Académie des Beaux-Arts de Saint-Pétersbourg, travaille à une statue qui sera installée à Varsovie, et représentant le feld-maréchal comte Paskévitch-Crivanski, prince de Varsovie ; M. Joseph Jacquet, de la Haye, met la dernière main à une statue colossale de Guillaume Ier, et, de concert avec son frère, a fait un groupe représentant MM. de Hoogendorp, de Limburg-Stirum et Van der Duyn van Maasdam, les trois membres du gouvernement provisoire de 1813.

— La grande nouvelle du Salon prochain, c'est que M. Chenavard, dont on n'avait rien vu depuis les dix-neuf grands cartons qu'il exposa en 1855, aura un tableau, non pas un carton, entendez-le bien, mais un tableau. C'est une immense composition allégorique, qui symbolise la *Fin des Religions.*

Il se fonde à Paris une Société coopérative ayant pour programme « la construction des logements à bon marché. » Son titre est l'EPARGNE IMMOBILIÈRE, son promoteur est *M. Cohadon*, cogérant de l'Association des ouvriers maçons.

— On nous annonce la mort de M. Etienne Wauquière, directeur de l'Académie des Beaux-Arts de Mons.

— M. G. Rohault de Fleury a été élu associé honoraire de l'Académie florentine des arts du dessin.

— Un nouveau système de fermeture de boutique vient d'être découvert par MM. *Cauchemont et fils*, serruriers à Amiens. Ce système, qui présente de grands avantages d'usage et d'exécution, coûte 30 pour 100 meilleur marché que tous les précédents.

— MÉTAUX : La France a produit, pendant l'année 1868, 916,645 tonnes de fer à bâtiments.

Pendant le mois de janvier 1868, il est entré à Paris 542,579 kil. de fonte à bâtiment et 1,597,723 kil. de fer à bâtiment.

Pendant le même mois en 1869, il est entré à Paris 1,417,863 kil. de fonte et 3,319,033 kil. de fer à bâtiment.

Soit une augmentation considérable, en faveur de 1869, de 542,284 kil. de fonte et 1,721,310 kil. de fer.

Cette statistique succincte démontre avec éloquence que les travaux de Paris, loin de se ralentir, ne font que progresser, au grand désespoir de MM. les pessimistes.

COURS DES MÉTAUX OUVRÉS.
1re *quinzaine d'avril.*

Cuivre laminé rouge (les 100 kil.. .	210 ..
Cuivre laminé jaune	200 ..
Plomb laminé et en tuyaux de 20 m/m de diamètre et au-dessus. .	58 ..
Plomb laminé en tuyaux de 20 m/m et au-dessous	63 ..
Zinc laminé de la Vieille-Montagne.	70 ..
» autres bonnes marques.	65 ..

Le Secrétaire de la rédaction :
F. COUSIN.

BIBLIOGRAPHIE

L'ART INDUSTRIEL

Nous recevons de M. Auguste LUCHET son magnifique volume qui a pour titre: L'ART INDUSTRIEL A L'EXPOSITION UNIVERSELLE DE 1867 (1).

M. A. Luchet a, dans ce beau livre qui compte près de 500 pages, suivi l'Exposition universelle de 1867 dans chacune de ses phases; il s'occupe d'abord des avant-projets; il en tire des parallèles, accompagne partout la Commission impériale, décrit le projet nouveau, le suit dans son exécution, discute, critique, instruit et passionne son lecteur dans ce que nous appelons la préface pour les autres livres, et qui s'appelle ici *Avant l'ouverture.* Ce chapitre de 50 pages contient tout l'historique de la création de l'Exposition, et il était indispensable.

Le premier chapitre est consacré au jour de l'ouverture, à son lendemain, aux descriptions du parc et de ses constructions, aux hôtels, au pavillon de l'Empereur, aux maisons ouvrières, à la Commission, au Jury, aux exposants et au public.

Ce chapitre, écrit avec le savoir de M. *Luchet,* est spécialement une critique, mais une critique juste, sage et profonde.

Les principaux chapitres suivants traitent du MEUBLE; on y trouve sa définition, puis l'histoire du mobilier français avant les XVIe, XIIe, XIIIe, XIVe et XVe siècles. Puis encore de savantes descriptions historiques et archéologiques du lit, de la chaise, du fauteuil, du lutrin, de la crédence, du dressoir, du buffet, de l'armoire, de la table à manger, du couvert, du service, des bahuts, du chauffage, des tapis et tapisseries, du mobilier donné

aux femmes, etc. Les grands artistes, ébénistes, sculpteurs, tapissiers, y ont leur place : nous y trouvons Jean Goujon et Boule à côté des petits ébénistes du faubourg St-Antoine, Riesener et ses imitateurs, Rivart, le bois de rose et l'horoscope du meuble français, les machines-outils, le plaqué du faubourg, tout y est décrit avec une verve surprenante.

Nous y trouvons les tentatives faites pour la régénération de l'ébénisterie ; nous y passons en revue les meubles de la Grande-Bretagne, l'Amérique, la Turquie, l'Italie, l'Égypte, la Russie, la Suède et tous les pays du monde ; les meubles en pierre, en fer et autres, les petits meubles, les coffrets anciens, les meubles modernes. Plus loin sont des études savantes sur les étoffes d'ameublement, la restauration des vieilles tapisseries, les Gobelins, Beauvais, Aubusson, Nîmes, Turcoing ; les *Papiers peints,* leur histoire, leur travail à la planche et à la mécanique ; les métaux d'ornement, la fonte de fer en France et en Prusse, le zinc, les métaux communs repoussés, les bronzes, la vieille fabrication ; les artistes, les fabricants modernes , les appareils d'éclairage et de chauffage, le grand art des métaux ; Barbedienne, Mène, Cain, Fannière, Odiot, Duponchel, Christophe Robert, etc., etc. La dorure pyroélectrique de Masselotte, l'orfévrerie étrangère, l'art industriel religieux, les orgues et les vitraux peints, etc.

Tout cela écrit, décrit, historié, photographié.

C'est enfin l'histoire vraie de cette grande fête industrielle, avec ses qualités, avec ses défauts; c'est l'ouvrage le mieux fait, le plus sincère et le plus complet de tous ceux qui ont abordé ce sujet difficile. Pour tous ceux qui voudront comparer, pour tous ceux qui voudront se souvenir, ce livre est utile et indispensable. Sa place est marquée d'avance dans la bibliothèque de l'artiste et du penseur.
F. FLOBERT.

---

(1) En vente à la LIBRAIRIE INTERNATIONALE, 1, *Boulevard Montmartre.* 8 francs.

COURS DE LA PROPRIÉTÉ FONCIÈRE
dans les communes du département de la Seine

Sur la demande de nos Lecteurs, nous publions de préférence les prix des terrains *hors Paris*, pensant comme eux qu'ils étaient plus opportuns au retour de la villégiature.

Situation des terrains vendus

Le mètre.
fr.   c.

ASNIÈRES. — Grande-Rue et rue de la
Station 36 47

	Le mètre.
	fr. c.
ASNIÈRES. — Chemin des Bas.	9 48
— Rue des Bois	15 »
— Lieu dit le Gros-Buisson. . . .	3 »
BAGNEUX. — Lieu dit le Contardon. .	3 20
BOIS-DE-COLOMBES. — Rue des Aubépines	20 »
— Rue des Carbonnets	10 »
BOULOGNE. — Lieu dit les Plantes ou le Chemin-Vert.	15 »
— Avenue des Princes.	22 »
— Route de la Reine et Chemin-Vert.	12 »
— Rue des Abondances	6 80
— Rue de la Mairie, 9.	24 60
— Route de Versailles et rue de Silly.	12 72
— Rue de la Ferme, 5.	16 90
— Rue des Abondances, 21. . . .	10 »
CHAMPIGNY. — Lieu dit la Varenne. .	1 »
— Lieu dit la Grande-Prairie. . .	» 58
CHARENTON-LE-PONT. — Rue des Pavillons.	20 »
CLAMART. — Lieu dit le Fond-du-Pommier.	2 92
CLICHY. — Route de la Révolte	32 50
— Rue de Seine, 2, et impasse St-Médard	5 82
— Rue des Cailloux	20 »
COURBEVOIE. — Rue Saint-Denis . . .	10 28
— Lieu dit les Coudes.	8 63
— Rue de Saint-Germain, 23. . .	31 11
CRÉTEIL. — Lieu dit les Petites-Haies.	5 13
— Villa des Buttes.	4 75
FONTENAY-SOUS-BOIS. — Route de la Belle-Gabrielle	6 76
GENTILLY. — Lieu dit le Kremlin. . .	12 85
ISSY. — Lieu dit la Bande.	6 03
— Lieu dit les Moulineaux	3 45
IVRY-SUR-SEINE. — Lieu dit la Bosse de Marne.	15 »
— Lieu dit la Voie-de-l'Orme. . .	2 34
JOINVILLE-LE-PONT. — Chemin de Bretigny. . , ...	4 »
LEVALLOIS-PERRET. — Rue Pouare et place St-Vincent-de-Paul . .	29 76
— Rue Marjolin	15 »
— Rue Fazilleau.	20 »
MONTREUIL-SOUS-BOIS. — Lieu dit le Chemin-de-Lagny	7 50
NEUILLY. — Rue du Château	30 63
— Rue Garnier-Prolongée projetée	30 »
— Rue Cavé	8 90
NOGENT-SUR-MARNE. — Lieu dit Nilla-du-Perreux.	3 74
— Lieu dit les Onches.	12 20
— Lieu dit le Clos-d'Orléans . . .	5 72

	Le mètre.
	fr. c.
PANTIN. — Route de Flandre	45 44
— Lieu dit Sous-l'Église ou les Grous.	23 »
— Rue du Centre, 3.	10 50
PRÉS-SAINT-GERVAIS.	12 95
— Lieu dit les Doués	13 66
PUTEAUX. — Rue de Magenta.	14 50
— Rue Saulnier, 18	16 47
RUNGIS. — Rue Sainte-Geneviève . .	5 63
SURESNES. — Rue du Pont	26 88
VANVES. — Voie Fosse-Pied-d'Ane . .	6 22
— Lieu dit la Californie	9 87
— Lieu dit les Glaises	3 90
LA VARENNE-SAINT-MAUR. — Rue de l'Église	1 83
VILLEMOMBLE. — A l'angle de l'aven. T.	1 22
VINCENNES. — Lieu dit la Maladrerie.	1 46

(*A suivre.*) PASCAL LAFOND.

CORRESPONDANCE

Nous recevons la lettre suivante, avec prière de la publier ; elle est relative au concours des Marchés de Lille, que nous publiions dans notre dernier numéro.

« Lille, Mars 1869.

« Monsieur,

« Dans le cas où vous prendriez part au concours et à l'adjudication des travaux des Marchés couverts à construire à Lille, nous avons l'honneur de vous informer qu'eu égard aux coups de vents qui, depuis deux ans, ont causé de graves sinistres à Lille, nous venons de fixer à 50 kilog. par mètre superficiel la *surcharge* due au poids de la neige et à la pression du vent.

« Nous vous prions en conséquence de vouloir bien faire entrer ce coëfficient de 50 kilog. dans les calculs de résistance des fermes prescrits par l'article 17 du devis et cahier des charges.

« Recevez, Monsieur, l'assurance de notre considération très-distinguée.

« L'inspecteur principal, chef du service des bâtiments.

« L. DETROIS.

« Vu par l'ingénieur en chef des ponts-et-chaussées, directeur des travaux municipaux.

« MASQUELEZ. »

Le Directeur : E.-F. LE PREUX.

1702. — Imprimerie Parisienne, Dufour et Cᵉ, impasse Bonne-Nouvelle, 5.

PARIS
ARCHITECTE

REVUE ILLUSTRÉE FONDÉE EN 1865

Paraissant le 1er et le 20 de chaque mois

DIRECTEUR-FONDATEUR | RÉDACTEUR EN CHEF
E. P. LE PREUX | FLEURY-FLOBERT

1er MAI 1869

—

SOMMAIRE

A NOS SOUSCRIPTEURS

MESSIEURS ET CHERS CONFRÈRES,

Cette présente livraison est la derniere de la 3e année de notre revue.

Paris-Architecte va commencer la 4e année de sa publication; tous ceux qui s'intéressent à l'architecture et à la construction, lui ont donné de telles preuves d'estime et d'encouragement que nous pouvons affirmer que notre ouvrage devient un des recueils les plus estimés et les plus répandus.

L'empressement des souscripteurs nous a permis d'y apporter de sérieuses améliorations; nous osons espérer que vous

en tiendrez compte et que par votre abonnement et vos communications, vous voudrez bien contribuer à son succès.

La Direction.

AVIS IMPORTANT.

Tout souscripteur de Paris-Architecte *est considéré comme continuant sa souscription à cette Revue, s'il n'envoie pas d'avis contraire avant le 15 juin 1869.*

Dans notre prochaine livraison, nous commencerons le compte rendu du *Salon de 1869* (section de l'*Architecture*).

EXPLICATION DE NOS GRAVURES

—

PLANCHE XXIII
Maison à Paris.

PAR MM. DOUILLARD ET ROUSSEAU, ARCHITECTES

Fenêtre milieu au 1ᵉʳ étage de la maison dont nous avons publié la vue perspective dans notre dernière livraison. Cette construction et celles avoisinantes sont occupées par les *Grands Magasins de la Paix.*

PLANCHE XXIV
Hôtel à Paris.

PAR MM. LE PREUX, ARCHITECTES

Entrée du vestibule sous le passage de porte cochère ; on trouvera le portail de la façade de cet hôtel dans l'*Architecture privée au XIXᵉ siècle* par M. César Daly (1ᵉʳ vol., 2ᵉ série, pl. 9), — et la façade complète dans la livraison de septembre 1868 de *Paris-Architecte* (pl. VII et VIII).

L'Administrateur : Charles Vincent & Cᵉ.

PARIS-ARCHITECTE

REVUE ILLUSTRÉE

Table des Matières de la troisième année
1868-1869.

2022. Imprimerie Parisienne, Dufour et Cᵉ, impasse Bonne-Nouvelle, 5

PARIS — ARCHITECTE
1868.

PARIS ARCHITECTE.
1868.

PARIS - ARCHITECTE
1868.

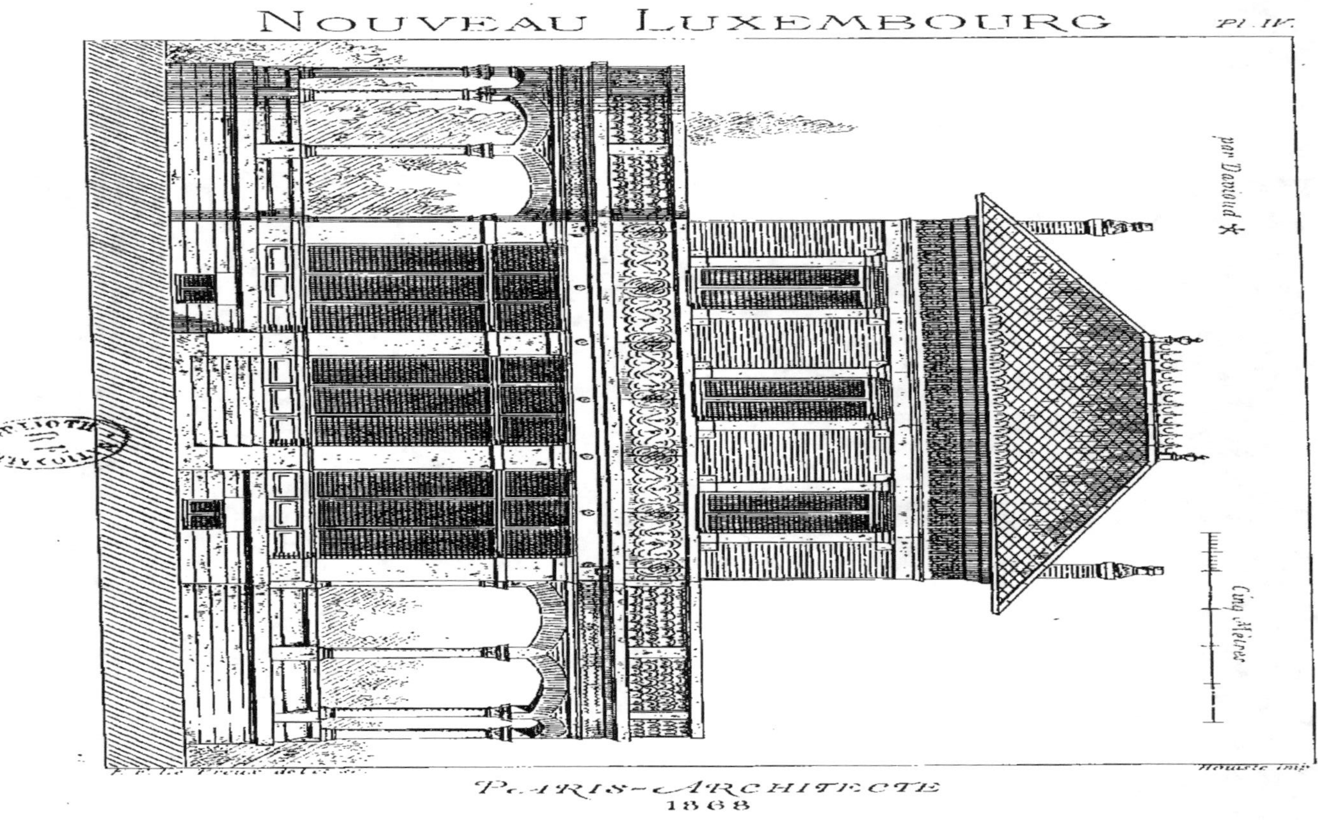

NOUVEAU LUXEMBOURG
Pl. IV.
par Davioud
Cinq Mètres
PARIS-ARCHITECTE
1868

Dix Mètres
PARIS-ARCHITECTE
1868

Maître-Autel en bronze
par Girolamo Campagna

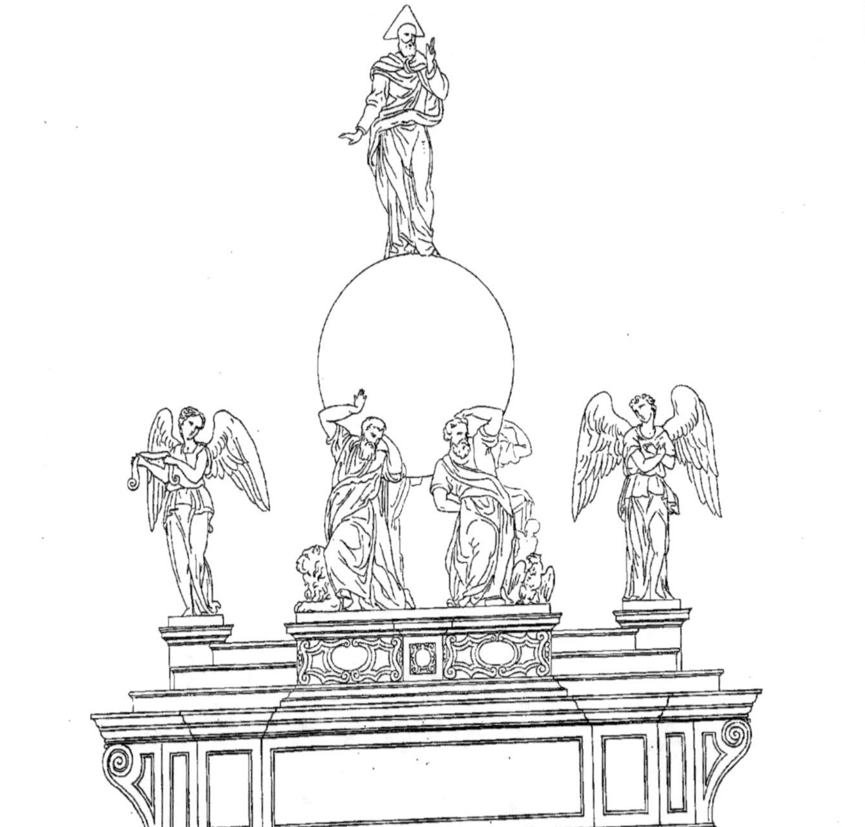

Dessin de feu Jules Bouchet

P. ARIS, ARCHITECTE
1868

E. F. Le Preux sc.

PARIS ARCHITECTE
1868

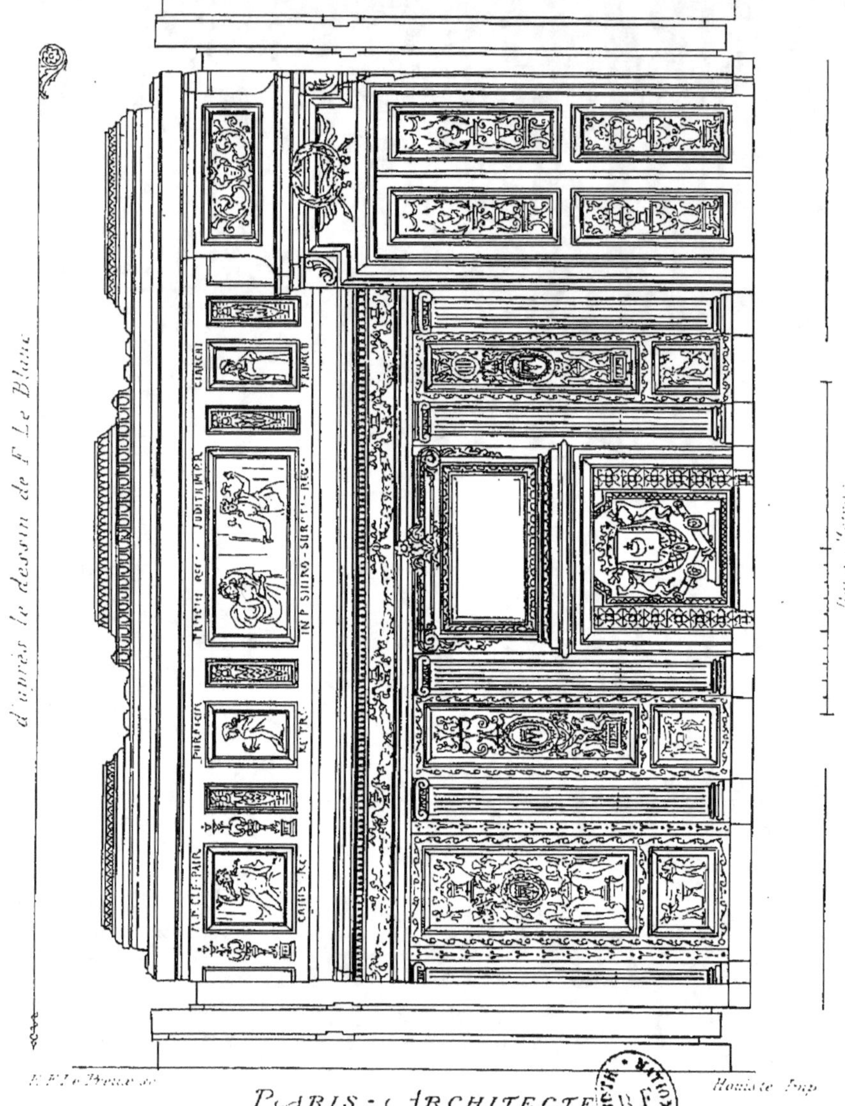

PARIS - ARCHITECTE
1868

PARIS-ARCHITECTE
1869

E.F Le Preux del et sc.

PARIS ARCHITECTE
1869

Imp. Houiste

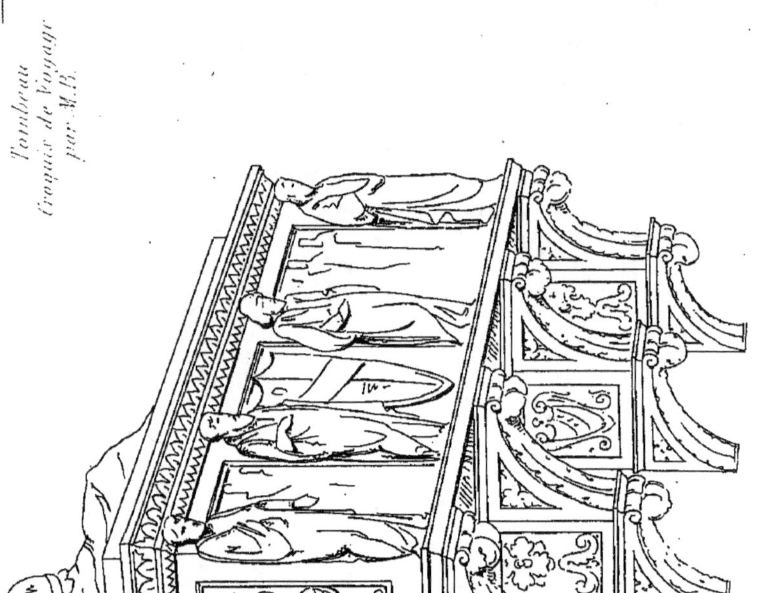

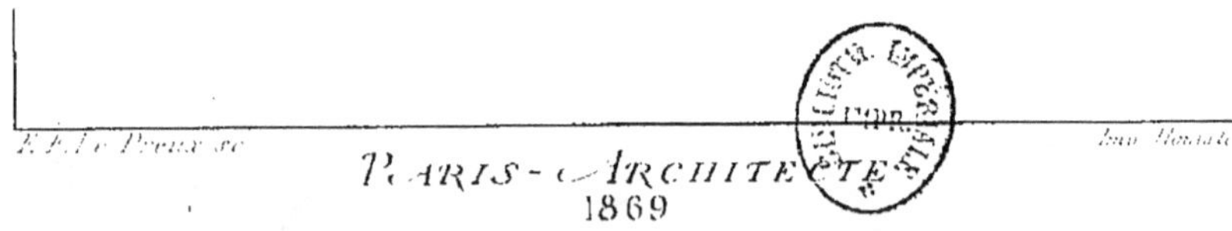

PARIS - ARCHITECTE
1869

PARIS - ARCHITECTE.
1869

Maison par
M. M. Douillard et Rousseau
Arch.tes
PARIS - ARCHITECTURE 1869
PARIS NOUVEAU
Pl. XXVI

MAISON A PARIS
Pl. XVIII
par M. M. Douillard et Rousseau Architectes
E. F. Le Preux del et sc.
Rouiste Imp.
PARIS-ARCHITECTE
1869

HÔTEL À PARIS

par M. M. Le Preux Arch.tes

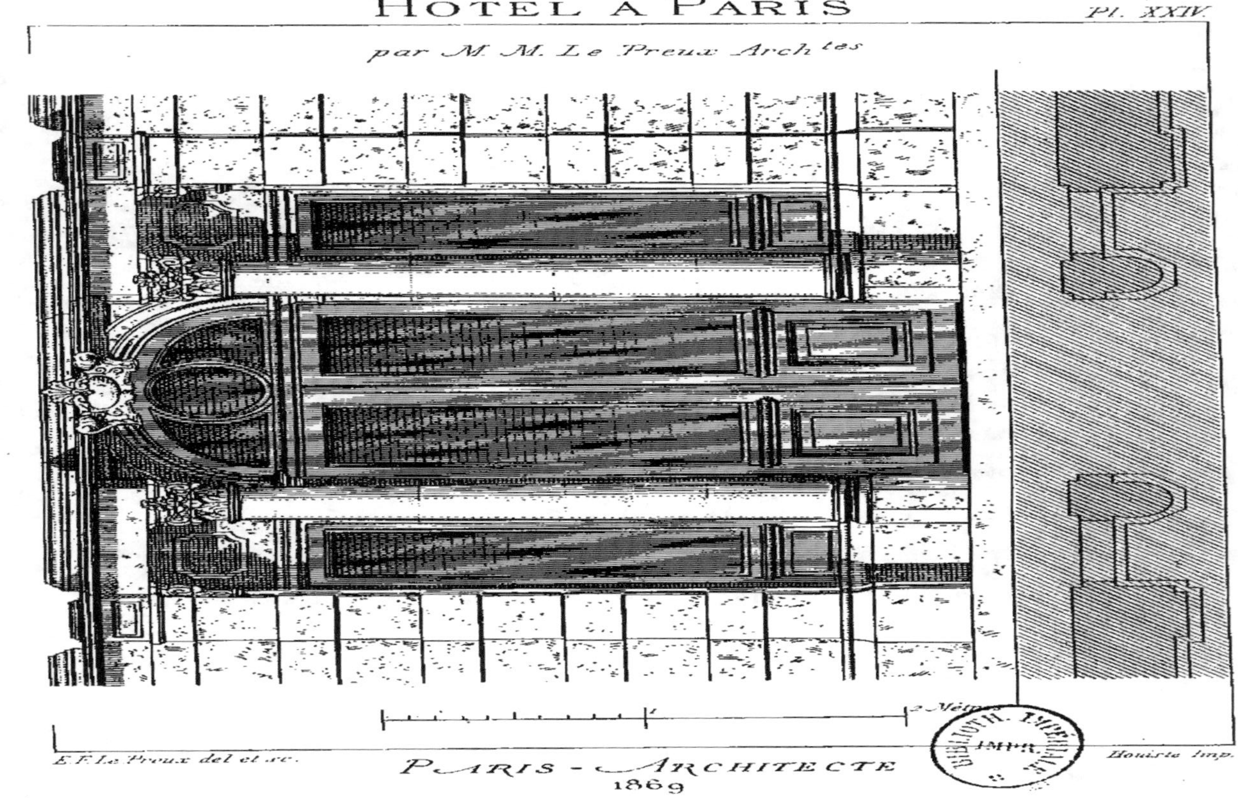

E. F. Le Preux del et sc.

PARIS - ARCHITECTE
1869

Houiste Imp.

PARIS
ARCHITECTE

REVUE ILLUSTRÉE FONDÉE EN 1865

DIRECTEUR-FONDATEUR

E.-F. LE PREUX

ARCHITECTE, INSPECTEUR DES TRAVAUX DU GOUVERNEMENT.

Juin 1870.

AU PUBLIC ARTISTE

A MES SOUSCRIPTEURS, A MES COLLABORATEURS

Messieurs et confrères,

Votre bienveillant accueil et votre précieux concours m'ont permis de faire de PARIS-ARCHITECTE *une revue estimée, répandue.*

Je commence aujourd'hui la sixième année de sa publication ; j'espère pouvoir compter sur vous comme vous pouvez compter sur moi.

LE DIRECTEUR.

AVIS

Bien que *Paris-Architecte*, fondé en 1865, soit aujourd'hui dans la sixième année de sa publication, l'interruption causée par une maladie de son directeur ne nous a permis de faire paraître que trois volumes de cette revue, nos abonnés feront justice de l'erreur incompréhensible qui a fait remplacer le mot *volume* par le mot *année* sur les livraisons parues jusqu'à ce jour.

Nous commençons donc aujourd'hui les premières livraisons du *quatrième volume* et de la *sixième année.*

LIV. 1 & 2 — MAI, JUIN 1870.   6ᵉ ANNÉE. — 4ᵉ VOLUME.

LA WARTBURG *

Une montagne s'élève, comme un cône, du fond d'une vallée, sur cette montagne, un rocher presque à pic.

Comme un nid d'aigles, sur ce rocher, la Wartburg.

*
* *

Toute route carrossable cesse à trois cents pieds au-dessous du premier pont-levis, et l'on ne peut arriver à la poterne de l'enceinte qu'à pied ou à cheval. On ne conçoit pas comment ont pu s'effectuer les travaux de construction et de restauration.

*
* *

Dès les premiers pas qu'on fait dans la Wartburg, le présent s'efface complétement de votre esprit, il semble que le XIXe siècle vous ait, dans sa marche rapide, laissé choir dans le passé

* *Château remarquable du* XIIe *Siècle, situé près d'Eisenach (Grand Duché de Saxe Weimar.)*

et l'on se retrouve dans le monde de ses études et de ses rêves.

Ici les bâtisses modernes : le Ritterhaus et ses dépendances des xve et xvie siècles ; c'est tout battant neuf, cela date d'hier en comparaison des cours, des préaux, des beffrois *(berg-fried)* et des gentils castels qui s'y trouvent juxtaposés. Un style inouï, un ensemble harmonieux qu'on ne retrouve nulle part : le vrai nœud qui relie l'architecture arabe à celle de l'Occident ; ce que le Croisé était en Palestine, ce château l'est en Germanie : quelque chose d'étrange et d'étranger sans y être dépaysé.

De vagues souvenirs de Cintra en Portugal, des tombeaux des Khalifes du Caire, des églises du Mont-Athos, du couvent de Montréal en Sicile, tout cela uni et légitimement marié aux formes massives, indispensables à un château-fort qui ne plaisantait pas. Les chapiteaux byzantins, les fines arabesques orientales se jouent en riant sur les faces de véritables roches artificielles.

Le temps, qui ne respecte rien, n'avait pas respecté la Wartburg ; les bâtiments voyaient s'ouvrir de formidables brèches, encore un peu, ce n'étaient plus que des ruines.

Le Grand Duc Charles-Alexandre de Saxe-Weimar eut un jour la belle pensée non-seulement d'arrêter la destruction dans son œuvre, mais encore d'en réparer les désastreux effets. Son Altesse Royale ne se dissimula nullement les difficultés de sa tâche, Elle l'entreprit avec ardeur. Depuis vingt-cinq ans, Elle la poursuit sans relâche. L'achèvement de cette magnifique restauration est très-prochain.

Les résultats obtenus sont du plus haut intérêt pour les architectes sérieux qui aiment leur art et s'intéressent à son histoire.

L'artiste y trouvera de merveilleux attraits : les décorations des galeries, les ameublements, les tapisseries, les ferrures, vaisselles, etc., y forment un musée qui n'a pas son pareil. Le poëte éprouvera un charme de plus à se souvenir de la célèbre lutte des ménestrels où Tannhaüser fut vaincu. Au catholique fervent les souvenirs de sainte Elisabeth margrave de Thuringe, au protestant, ceux de Luther réfugié, traduisant la Bible.

Tout cela sur le sommet d'un rocher mesurant à peine 5000 mètres carrés.

*
* *

Merci au Grand Duc de Saxe de cette splendide restauration. Il n'aurait pas fondé une école de peinture à Weimar où des centaines de jeunes gens viennent travailler, qu'il rendait à l'art un éminent service en lui restituant dans son intégrité un de ses plus rares monuments.

HISTORIQUE DE LA WARTBURG

— C'est en 1070 — Louis, — fils de Louis le Barbu et descendant du Duc Charles de Basse-Lorraine, qui fut renversé par Hugues Capet, — est à la chasse ; fatigué, harassé, il s'arrête au pied d'une montagne — Emerveillé des beautés du site, il s'écrie : *Montagne, attends !! (Wart) tu seras bourg (burg).*

La Wartburg était créée, elle fut construite.

En 1130, Louis II, fait Prince souverain par l'Empereur Lothar, y fait construire un 3e étage qui, ainsi que la principale tour, est frappé par la foudre en 1317.

Frédéric le Mordu fait reconstruire cet étage et le Dirnitz en 1319.

En 1521, Luther trouve dans la burg, non-seulement un

refuge contre les foudres de l'Eglise et les persécutions de l'Empereur, mais encore le concours actif et puissant du courageux Electeur Frédéric.

— En 1547, Jean-Frédéric le Magnanime donne la Wartburg pour résidence à sa femme et à ses enfants et la fait restaurer par Erasmus de Minckwitz.

D'autres restaurations y furent ordonnées par Jean Ernest et par Frédéric le Sage, ainsi que par le Duc Charles-Auguste qui en fit reconstruire les parties détruites.

— Mais la plus importante des restaurations fut commencée en 1847 ; elle fut ordonnée et inspirée par son possesseur actuel Son Altesse Royale le Grand Duc Charles Alexandre de Saxe Weimar.

DESCRIPTION SOMMAIRE DE LA WARTBURG
(Visite en 1869)

— C'était en danger de guerre que les maîtres de la burg venaient l'habiter : sa position sur une roche haute et dominant les hauteurs d'alentour, permettait de surveiller l'approche et les mouvements de l'ennemi. Un bastion est destiné à recevoir une sentinelle et le canon d'alarme ; un autre, le guetteur pour les incendies.

On rencontre d'abord le *Ritterhaus* qui servait à loger les serviteurs et les chevaliers étrangers, puis ensuite quelques écuries, on arrive dans la cour intérieure où sont situés le Dirnitz et le palais des Landgraves : habitation des maîtres de la Wartburg — entre ces deux bâtiments, le vestibule et l'escalier d'honneur.

Plus loin, les écuries, un bain particulier, la buanderie, la boulangerie, la citerne, la 2ᵉ tour, puis enfin quelques ouvrages avancés qui défendent cette extrême partie.

LE PALAIS DES LANDGRAVES
Etage inférieur.

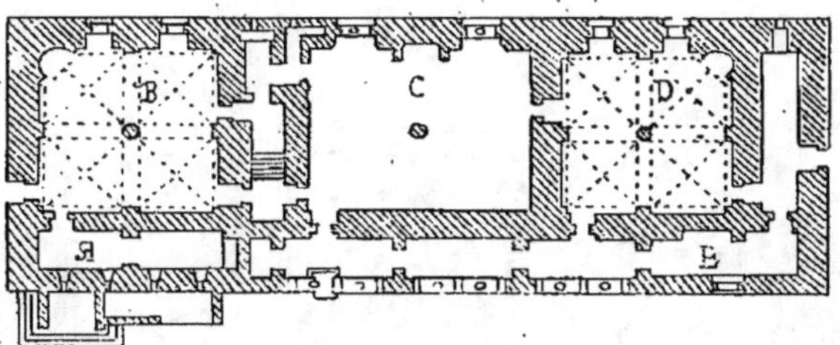

A — caves. — B — cuisine. — C, salle à manger remarquable par ses plafonds anciens et par sa cheminée monu-
mentale qui servait à préparer les mets et à les conserver
chauds. Dans les embrasures des fenêtres que la crainte des
flèches faisait construire étroites, se trouvent des tapisseries
et des siéges. Les habitants du palais et particulièrement les
dames s'y retiraient. D, gynécée. E, chambre de garde.

Deuxième étage.

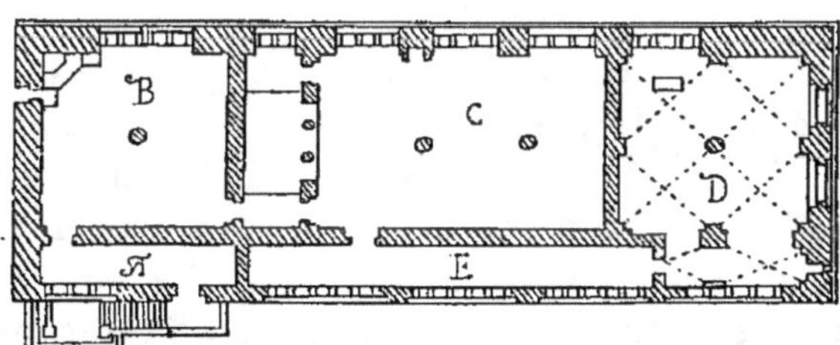

Après l'escalier, l'antichambre A où se tenait le service de
garde. — B, chambre du Landgrave, salle d'habitation et de
réception. Cette pièce est décorée avec luxe de tapisseries du
XIIe siècle et de fresques dues au célèbre Moritz de Schwind.

CHAMBRE DU LANDGRAVE

Pièce B du Plan du 2ᵉ étage.

Ces peintures représentent divers épisodes remarquables de la vie des Landgraves. — *C* — Chambre des chanteurs, ancienne salle des fêtes : lès poëtes y faisaient entendre leurs œuvres ; les hauts personnages se tenaient sur une estrade élevée de plusieurs marches. *D*, chapelle : on y remarque de merveilleuses tapisseries brodées par la Grande Duchesse Sophie de Saxe, la Princesse Karl de Hesse, la Duchesse d'Orléans et plusieurs dames de Weimar, d'Eisenach, de Darmstadt et de Giessen. *E*, galerie de sainte Elisabeth. Cette Princesse y tomba évanouie en apprenant que son époux avait été tué en Orient.

Troisième étage.

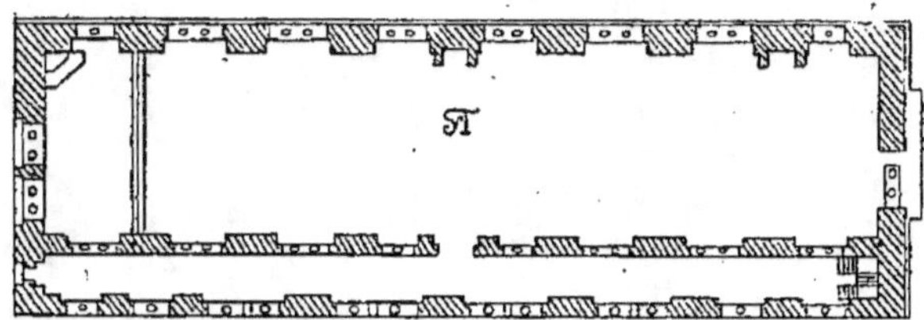

A. Salle des armes et des fêtes. Espace immense clos par des portières et, dans des cas fort rares, par des cloisons. Des galeries élevées peuvent se remplir de spectateurs.

Telle est aujourd'hui la Wartburg qui, vers 1835, tombait en ruines ; parmi les embellissements qui l'attendent encore, nous devons signaler une salle qui sera dédiée à Luther et pour laquelle le célèbre peintre belge Pawels a reçu une commande considérable.

E.-F. Le Preux.

Les dessins et gravures qui se trouvent au cours de cette description sont de M. E.-F. Le Preux ; l'échelle des plans est d'un millimètre et demi par mètre.

Nos gravures sur acier représentent un merveilleux hôtel, œuvre remarquable et remarquée de M. Chapelain ✠, architecte.

Plans. — *Rez-de-chaussée.* — A. Vestibule. — B. Grand escalier. — C. Concierge. — D. Descente de cave. — E. Remise. — FF. Remises ; au-dessus chambre du cocher et grenier à fourrages. — G. Lingerie. — H. Chambre de femme de chambre. (Ces pièces G et H sont en entresol au-dessus de la cuisine qui est placée en demi sous-sol). — I. Escalier pour le service de la cuisine. — K. Escalier particulier pour le service du Ier étage. — L. Escalier K, dont l'amorce dessert les lingerie et chambre en entresol. — M. Escalier de service. — N. Aisances. — O. Écuries. — P. Avoine.

Premier étage. — A. Salon. — B. Petit salon. — C. Salle à manger. — D. Antichambre. — E. Chambres à coucher. — F. Aisances, — G. Tour. — H. Escalier marqué K au plan de rez-de-chaussée. — L. Toilette, éclairage par le plafond. — M. Cabinet de travail.

Le Directeur : E.-F. Le Preux.

1126. Imprimerie, F. Dufour et Cᵉ, boulevard Bonne-Nouvelle, 26.